パラグアイの伝統レース
El ñanduti del Paraguay

ニャンドゥティの
アクセサリー

岩谷 みえ エレナ

誠文堂新光社

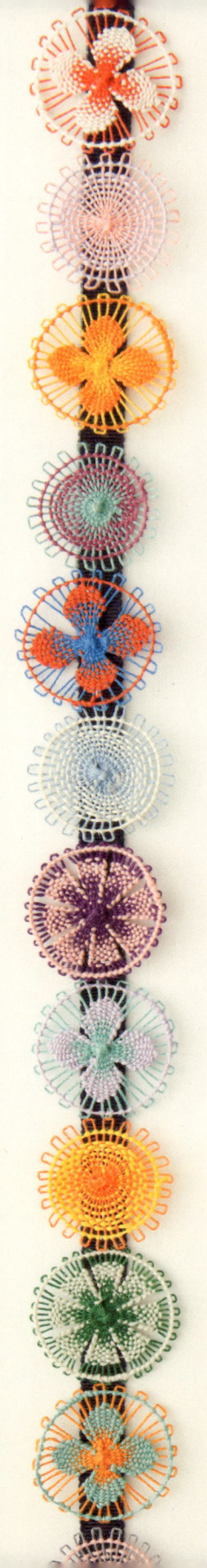

Contents

ニャンドゥティ　南米パラグアイの伝統レース　4
はじめに　10

ニャンドゥティのアクセサリー
円形モチーフ　12

シンプルアクセサリー　13
ボリュームネックレス　15
リボンの帽子飾り　17
リボンのベルト　19
ミックスブローチ　20
くるみブローチ　21
コットンパールのネックレスとブレスレット　22
アクリルビーズのネックレスとブレスレット　23
赤い花のアクセサリー　24
紫の花のコサージュ　26

ニャンドゥティの基本
円形モチーフの作り方　29

collumn　パラグアイのニャンドゥティ
ニャンドゥティの民族衣装　49

パラグアイのニャンドゥティ
職人が作る伝統模様　50

ニャンドゥティのアクセサリー
扇形モチーフ　58

シンプルアクセサリー　59
ラメ糸の扇形ピアス　61
ビーズの扇形ピアス　62
タッセル風ラリエット　63

ニャンドゥティの基本
扇形モチーフの作り方　64

ニャンドゥティのアクセサリー
リーフモチーフ 68

リーフのロングネックレス 69
リーフのカチューシャ 71
木の実とリーフのコーム 72
ラメリーフのネックレスとピアス 73

ニャンドゥティの基本
リーフモチーフの作り方 74

ニャンドゥティのアクセサリー
テープモチーフ 80

テープのブレスレット 81
テープのバレッタ 82
テープのチョーカー 84

ニャンドゥティの基本
テープモチーフの作り方 86

collumn　パラグアイのニャンドゥティ
ファッションブランドが取り組むニャンドゥティの革新 90
パラグアイと日本をつなぐニャンドゥティのアクセサリー 91

アクセサリー作り方 92
模様の図案 図案の見方 116
模様の図案 118
土台の糸の図案 125

ニャンドゥティ
南米パラグアイの
伝統レース

南米の中心に位置するパラグアイで受け継がれてきたカラフルなレース。現在では、ブラジルなど近隣の国でも、作られていますが、パラグアイ発祥のレースです。グアラニー語で「クモの巣」を意味するレースの始まりと、伝統的なモチーフと模様についてご紹介します。

パラグアイで生まれた
カラフルなレース

　ニャンドゥティは、パラグアイに伝わるレースです。その特長は、なんと言っても、原色をふんだんに使った目の覚めるような鮮やかな色彩。歴史と自然が作り出した伝統の様々な模様に鮮やかな色彩が組み合わさり、世界でもめずらしいユニークなレースとして、多くの人々を引きつけています。白のみで作られたレースらしいイメージのもの、シックな配色のものなどもありますが、その多くに、パラグアイの人々が好むカラフルな色があふれています。パラグアイでこのレースが誕生した頃から、祭壇の飾り、司祭やマリア像の衣装、カトリックのお祭りのためなど、教会にまつわる装飾がニャンドゥティで作られてきました。現在では、ドイリーからアクセサリー、民族衣装やインテリアを飾る布製品など、職人たちの手によって様々なニャンドゥティが作られています。

　パラグアイは、ブラジル、ボリビア、アルゼンチンに接する内陸国。南米大陸の中心に位置することから、南米のへそとも言われています。16世紀からのスペイン統治の時代を経て、1811年にパラグアイ共和国として独立しました。植民地時代から先住民族とスペイン人との混血が進み、国民の90％が混血だとも言われています。公用語は、スペイン語と先住民族のグアラニー語の2言語で、多くの国民はバイリンガルです。ニャンドゥティという言葉も、「クモの巣」を意味するグァラニー語が使われています。パラグアイに暮らしていた先住民族とヨーロッパの文化が交ざり合うことで、ニャンドゥティを始めとした工芸、音楽、舞踏など、様々な分野で、独自の文化が育まれていきました。

伝説や歴史に見る
ニャンドゥティの始まり

　「クモの巣」を意味するニャンドゥティの名前の通りに、クモにまつわるニャンドゥティの起源がいくつかの言い伝えとして、残っています。森の中で、繊細で美しいクモの巣を見た女性が、息子がプロポーズするためのプレゼントとして、クモの巣を真似て美しいレースを作り出したというお話もあります。また、昔は、実際にクモの巣の糸を使って、ニャンドゥティが作られていたという話もあるんです。

　こうしたいくつかの話が伝えられている一方で、スペイン人によってパラグアイに伝えられたテネリーフレースに起源があるとも考えられています。テネリーフレースは、アフリカ北西部にあるスペイン領カナリア諸島のテネリーフェ島で作られていてたレース。枠に張った布を土台に、縫い針1本と細い糸を使って、糸を放射状や平行に渡したものに、かがりや結び、織りを加えて、模様を作るレースの手法の一つです。16世紀から17世紀にパラグアイにやってきたスペイン人が、ヨーロッパの宗教、文化、芸術を広めた時に、テネリーフレースの作り方を伝えました。もともと先住民が作っていたヤシの繊維や野生のワタを使った編み物と組み合わさって、ニャンドゥティが生まれました。今のような形式のニャンドゥティになったのは、19世紀からで、三国戦争（1864～70）の後は女性たちの仕事として盛んに作られるようになったと言われています。各家庭で、ニャンドゥティの多様な模様が生まれ、母から娘へと伝わっていきました。

暮らしを映す伝統模様と
モチーフの形

　ニャンドゥティのデザインの基本は、小さな円形のモチーフです。円形の中を放射状に張られた糸に、かがり結びや織りを加えることで、多様な模様が生まれます。円の中に配される伝統的な模様は350以上もの種類があると言われています。ニャンドゥティを作り始めた数百年前から、作り手であった女性たちが考えた模様が少しずつ増えていったのでしょうか。ジャスミンやバナナの葉、時計草の花、牛のひずめや子馬、鳥など、パラグアイに生息する動植物はもちろん、山、ヨット、パラグアイの工芸品のフィリグラナや陶磁器、人の眉や妊婦さんのおなかなど、パラグアイの暮らしで目に触れるありとあらゆるものが、模様として表現されているのです。また、基本のモチーフの形には、円形以外にも、三角形、扇形、四角形、半円、葉っぱの形、テープの形などもあります。基本的な幾何形態に多様な模様が組み合わさって、1つのモモチーフが完成します。モチーフの形と模様の組み合わせは決まっている訳ではありません。例えば、二重の鎖という名前の模様は、円形、リーフ、テープのモチーフでも使われることがあるのです。また、基本のモチーフはその一つだけで作られ、コースターやアクセサリー、しおりなど、小さな作品にすることも出来ますし、基本のモチーフを複数つなげることで、ドレスやドイリーなど大きな作品を作ることも出来ます。模様、モチーフの形、配色の3つの要素が組み合わさることで、ニャンドゥティの可能性は無限に広がっていきます。

写真提供
p.5〜8、p.9下　岩谷みえエレナ
p.9上　書籍『パラグアイに伝わる虹色のレース　ニャンドゥティ』(小社刊)

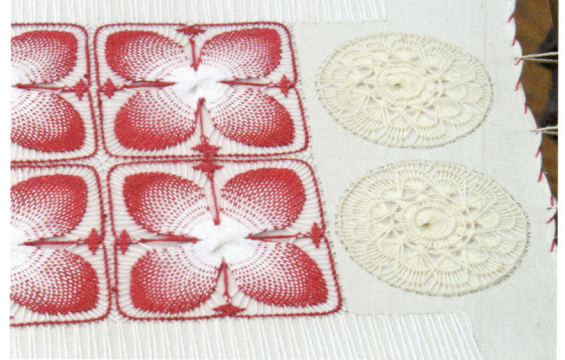

はじめに

　ニャンドゥティは、南米のパラグアイで育まれた、伝統的なレースです。スペイン人の植民時代に伝えられたレースが、パラグアイの文化風土の中で独自に発達したものといわれ、パラグアイのゆったりした人の暮らしや、豊かな亜熱帯の自然など、身近なものをテーマにしたのモチーフが数多く生み出されました。

　パラグアイでは職人の高齢化などニャンドゥティの高い技術の継承が難しくなりつつありますが、他方で、若いデザイナー達がニャンドゥティの価値に気づき斬新な発想での商品化や製作の動きがみられます。また、この数年で、日本ではニャンドゥティのファンが増え、ニャンドゥティ作りを楽しむ人が増えています。このように、伝統的なニャンドゥティを大切にしながらも、もっともっと身近なところで発展してほしいと思います。

　2015年に出版した書籍『パラグアイに伝わる虹色のレース　ニャンドゥティ』では、伝統的なモチーフを中心に取り上げ、作り方を解説しました。本書では、ニャンドゥティの美しさを日常に取り入れてもらいたいと、普段の装いに合わせやすいニャンドゥティのアクセサリーを作りました。円形、扇形、リーフ、テープのニャンドゥティの基本モチーフの作り方を説明し、模様は簡単なものを中心にしています。モチーフを1つ作れるようになれば、色違いを作ったり、複数作って組み合わせたり、アクセサリーのデザインは広がります。

　ニャンドゥティは、基本技術を習得すれば、一人ひとりがオリジナリティーあふれる無限の世界を表現することができます。色と模様が響き合うニャンドゥティ作りをぜひ楽しんで下さい。

本書の使い方

- 円形、扇形、リーフ、テープの順に4つのモチーフのアクセサリーの作り方を紹介しています。どのアクセサリーも、まずはニャンドゥティのモチーフを作るところから始まります。

- ニャンドゥティ作りの基本は、円形モチーフ（p.29～ p.45）で詳しく説明しています。ニャンドゥティのモチーフは難易度の順に続きますので、まずは、円形モチーフの基本（円形a、b、c）で、ニャンドゥティ作りの練習をして下さい。円形モチーフをマスターしてから、順に他のモチーフに進んで下さい。

- ニャンドゥティを作るには、土台の糸の図案と模様の図案の2つが必要です。土台の糸の図案は、p.125～127に実寸で掲載。同じものを裏表紙の手前の見返しにも掲載しています。土台の糸の図案はコピーを取って使って下さい。模様の図案は、p.118～124に掲載しています。

Círculo

ニャンドゥティのアクセサリー
円形モチーフ

シンプルアクセサリー

ニャンドゥティの円形モチーフに、丸カンやCカンをつなげたり、アクセサリー金具をつけるだけ。シンプルで、簡単なアクセサリーの出来上がり。

how to make >> p.95
ニャンドゥティ図案 >> p.125, p.118

ボリュームネックレス

カラフルに作ったニャンドゥティと
ビーズをワイヤーネックレスに通し
て作る華やかなネックレス。

how to make >> p.96
ニャンドゥティ図案 >> p.125, p.118

リボンの帽子飾り

円形のニャンドゥティをたくさん作ったら、
リボンに縫いとめてみましょう。ニャンドゥ
ティのリボンを麦わら帽子に巻きつければ、
夏にぴったりのカラフルな帽子に。

how to make >> p.96
ニャンドゥティ図案 >> p.125, p.118

リボンのベルト

シンプルな装いに映えるニャン
ドゥティの飾りベルト。シックな
配色で作ったニャンドゥティを、
太めのリボンに縫いとめました。

how to make >> p.97
ニャンドゥティ図案 >>
p.125, p.118

ミックスブローチ

花束のようなイメージで、複数のニャンドゥティ
を組み合わせてみましょう。後ろにブローチピン
をつければ、存在感のあるブローチの完成です。

how to make >> p.98
ニャンドゥティ図案 >> p.125, p.118, p.119

くるみブローチ

ニャンドゥティを作る時に土台となる布を活かして作ったくるみボタン風ブローチ。糸だけではなく、糸と布の色の組み合わせも楽しんで下さい。

how to make >> p.99
ニャンドゥティ図案 >> p.125, p.119

コットンパールの
ネックレスとブレスレット

パールに合わせて白とベージュで作ったニャンドゥティ。全てのパーツをカンでつなげれば、パールやアクセサリー金具を組み合わせたネックレスやブレスレットを作ることができます。

how to make >> p.100
ニャンドゥティ図案 >> p.125, p.118

アクリルビーズの
ネックレスと
ブレスレット

ラメ糸と8番糸で作ったミニサイズ
のニャンドゥティ。ラメ糸の輝きがア
クセサリーにぴったりです。簡単な
模様なので、たくさん作ってネックレ
とブレスレットを作ってみましょう。

how to make >> p.101
ニャンドゥティ図案 >> p.125, p.119

赤い花のアクセサリー
ピアス、リング、バレッタ

ニャンドゥティとスワロフスキーを組み合わせた3種類のアクセサリー。円形のニャンドゥティの作り方を応用して、立体の花のニャンドゥティを作ることが出来ます。

how to make ›› p.102
ニャンドゥティ図案 ›› p.125, p.120

25

紫の花のコサージュ

立体の花のニャンドゥティを組み合わせ
た紫の花のコサージュ。あじさい風と
すみれ風に。シックな色で作れば、可
憐でやさしい印象の作品になります。

how to make >> p.104
ニャンドゥティ図案 >> p.125, p.120

ニャンドゥティの基本

円 形 モ チ ー フ の 作 り 方

ニャンドゥティのモチーフの中でも一番の基本となるのが円形です。土台の糸と模様の糸の2
色を使って、1つの円形モチーフを作ります。伝統的な円形の模様はたくさんありますが、こ
こでは、ニャンドゥティ円形a、円形b、円形cの3種類の模様の作り方を説明します。

ニャンドゥティのモチーフの中でも一番の基本となるのが円形です。刺繍枠に張った布の上に、土台
の糸を張り、その糸を結んだり、織ったりして様々な模様を作っていきます。布の上にモチーフが出
来たら、糊づけして、布から切り取ることで完成します。模様は、「織りかがり」と「結びかがり」の
2つのテクニックだけを使って作ります。円形以外の扇形、リーフ、テープなどのモチーフの作り方も、
1〜5の流れは同じです。まずは、円形のモチーフで、基本の作り方を覚えましょう。

ニャンドゥティ　作り方の流れ

1.　枠に布を張る　　　　　　　　p.32

2.　図案を移す　　　　　　　　　p.33

3.　土台の糸を張る　　　　　　　p.34

4.　模様を作る　　　　　　　　　p.38

5.　布からモチーフを切り取る　　p.45

共通のテクニック

織りかがり　　　　　　　　　　　p.42

結びかがり　　　　　　　　　　　p.43

途中で糸を足す　　　　　　　　　p.37

ニャンドゥティの材料と道具

糸

本書では、作品の多くに8番刺繍糸を使用。そのほか、ラメ糸、25番刺繍糸なども使用している。

1. 8番刺繍糸（DMC）　2. ラメ糸（コスモにしきいと）　3. 25番刺繍糸（コスモシーズンズ）

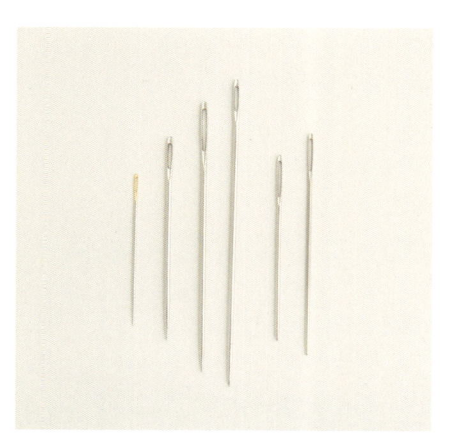

針

糸が通れば、どんな種類の針でもよいが、針先がとがっているものと、とがっていないものの2種類を使う。土台の糸を張る時には、とがっているものを使い、模様を作る時には、とがっていないものというように、場所によって針を使い分けると作業がしやすい。針の長さは、作品のサイズによって選ぶ。

針先がとがっているもの
フランス刺繍針、補習用針、ふとん針など

針先がとがっていないもの
クロスステッチ針、とじ針など

枠、布

円形の刺繍枠に、薄手の布を張って使う。パラグアイでは、ニャンドゥティ専用の木製の四角い枠が使われているが、本書では、円形の刺繍枠で代用している。

枠に布を張る方法→p.32参照

図案をコピーしたもの
チャコペン、ペン、鉛筆など
定規
コンパス
分度器

図案、図案を写す道具

土台の糸の図案と、それを布に写すための道具。図案の写し方→p.33参照

木工用ボンド、刷毛

モチーフが完成した後に、木工用ボンドで水で薄めたものを刷毛でモチーフ全体に塗って使う。仕上がりに堅さを出すためのもの。
糊づけの方法→p.45参照

はさみ

どんなはさみでもよいが、細かいところを切るのに、先がとがった手芸用はさみがおすすめ。

1. 枠に布を張る

手芸用の刺繍枠に薄手の布を張ります。布はどんな色柄、素材でも構いません。
枠のサイズは作品に合わせて決めます。
ニャンドゥティをきれいに仕上げるには、できるだけ布をピンと張ることが必要です。
一般的な木製の刺繍枠を使う時には、内枠にテープを巻き付けて、枠のねじをペンチで回して締めると、
よりしっかりと張ることができます。

a 刺繍枠（クロバー『フリーステッチングフープ』）木製の刺繍枠よりも、しっかりと布を張ることができる。

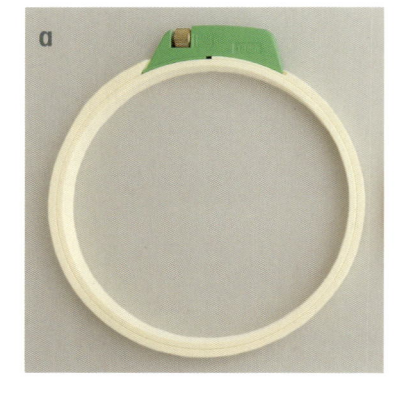 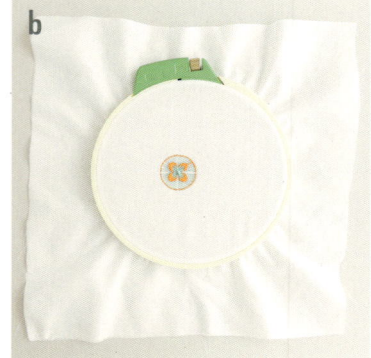

b 枠に張った布にニャンドゥティを作ったところ。

c,d 一般的な木製の刺繍枠。これを使う時は、dのようにテープ状の布を内側の枠に巻き付けて使うとよい。枠の金具は、ペンチで回らなくなるまで締めると、よりしっかりと張ることができる。

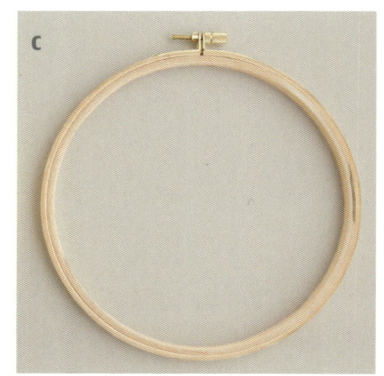 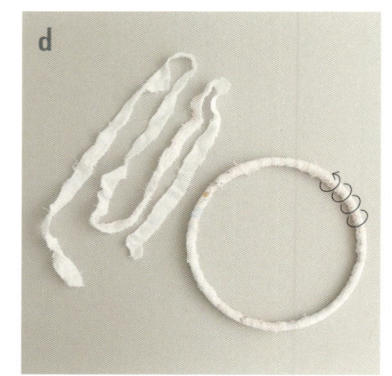

e パラグアイでは、木製で四角い専用の枠を使用する。枠と布をたこ糸のようなしっかりした糸で巻き付けるように縫いとめる。円形の一般的な刺繍枠よりも、布がゆるまずピンと張ることができる。

2. 図案を写す

モチーフの土台の糸を放射状に張るために、土台の糸の図案を布に移します。
土台の糸の本数とモチーフの直径サイズは、模様によって異なります。
図案のコピーを円形に切り取り、布の上か下にあてて、ボールペンや鉛筆で、円周の点を写し取って下さい。
そのほか、下記のような方法でも図案を書くことができます。

●図案をコピーして、カーボン紙で書き写す。

●図案の紙を使わずに、コンパス、分度器、
　定規などで測り、鉛筆やチャコペンで書き起こす。

布が薄く、図案の紙を布の裏に貼って書き写せる時は、写真のように細い
ペンや鉛筆で書き写す。

40本の糸を張る模様

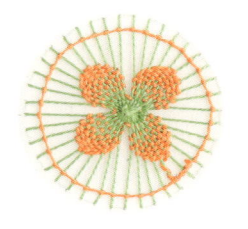

ニャンドゥティ円形a　　ニャンドゥティ円形c

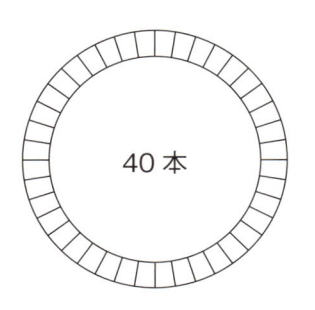

40本

土台の糸の図案

64本の糸を張る模様

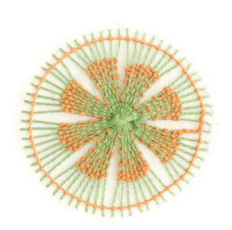

ニャンドゥティ円形b

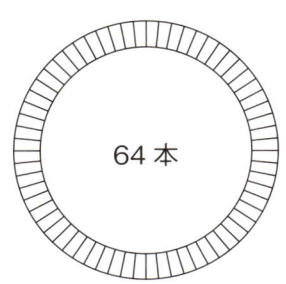

64本

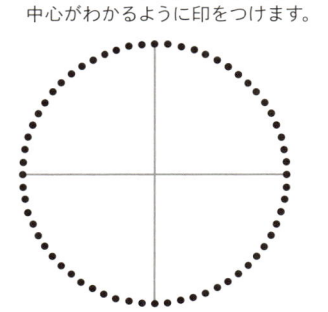

布にはこのように点で写し、円の
中心がわかるように印をつけます。

3. 土台の糸を張る

土台の糸を放射状に張ります。

円の外周の点を数字の順に、右まわりに縫い進みながら、全体に糸を渡します。

ここでは、わかりやすくするために、サイズを大きくして、本数を少なくしています。

基本的には、サイズの大きさや土台の糸の本数が違っても、この手順に従って作ります。

＊掲載の図案では、土台の糸が50本の場合だけ、3-4の縫い目の場所が基本と少し変わります。詳しくはp.125をご覧下さい。

針を出し入れする順番

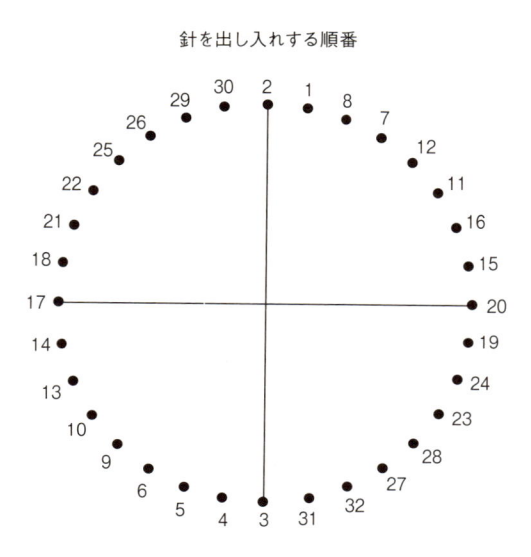

放射状に糸を張る

玉結び

01 糸端に玉結びを作った糸を針に通し、1に針を入れて、2に出す。この時、糸端を少しだけ布の上に出しておく。それから、3に針を入れ、4に出す。

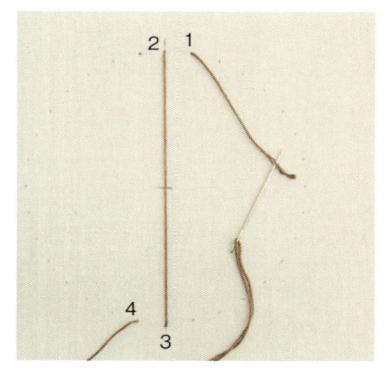

玉結び

玉結び

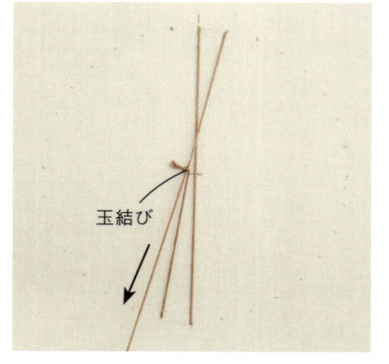

02 布の上に出しておいた糸端の玉結びのすぐ横を針で割り、矢印の方向へ針を通す。

03 玉結びが円の中心にくるように、矢印の方向へ糸を引き調節する。

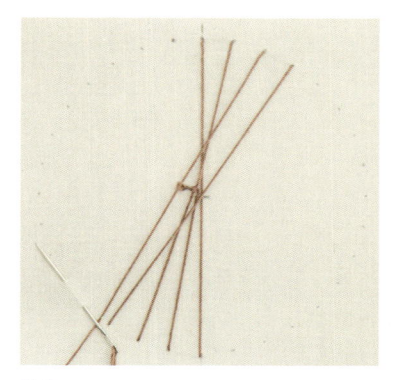

04 図の順番に針を布に出し入れし、右
まわりに糸をかけていく。

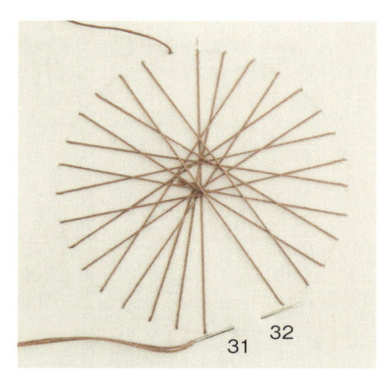

05 31から32へ針で縫っているところ。
これで、放射状に32本の糸がかけ終
わる。

中心のとめ方

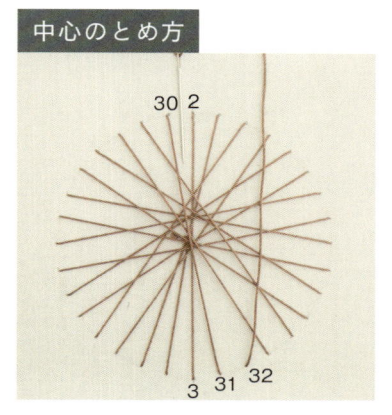

06 放射状に糸を張り終えたら、中心で
十字に玉どめする。まずは、2と30
の間から、3と31の間に針を出す。

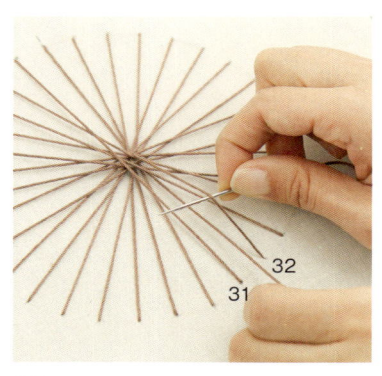

07 31と32の間から引き出した糸を32
の左に置き、32の糸に針を右から左
へ通す。

08 結び目が中心に来るように、中央で
上へひっぱる。

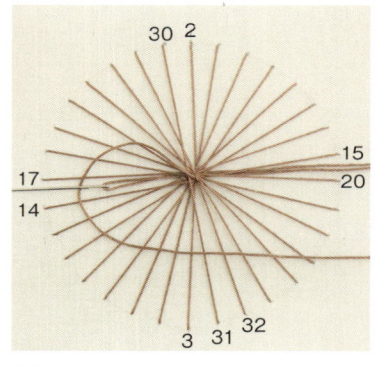

09 次は、円の右から左に針を通し、中
心の糸を針に右から左にかけてから
糸を引き出し、中央で結び目を作る。

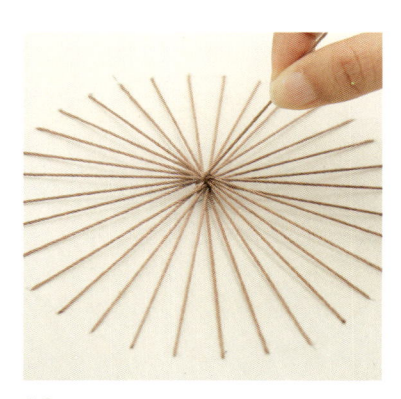

10 09をもう一度繰り返す。

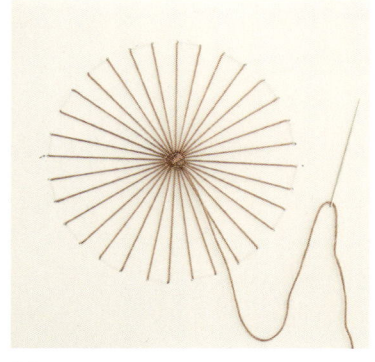

11 中心の糸で、＜中心の織り＞をする。
→p.36を参照

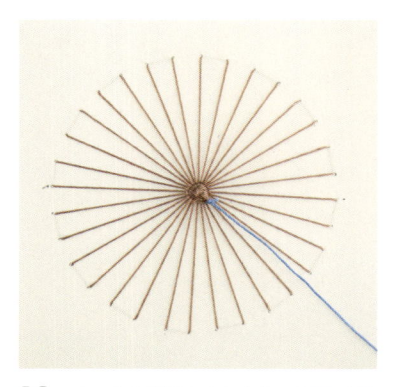

12 ＜中心の織り＞をしたらp.37の方法
で、模様を作るための糸に替える。

中心で十字に玉どめをした後に＜中心の織り＞をします。
説明のために、土台の糸と違う色ですが、実際には土台の糸のまま中心を2周織ります。
また、糸の間に隙間があかないように、糸を引っ張るように織ります。

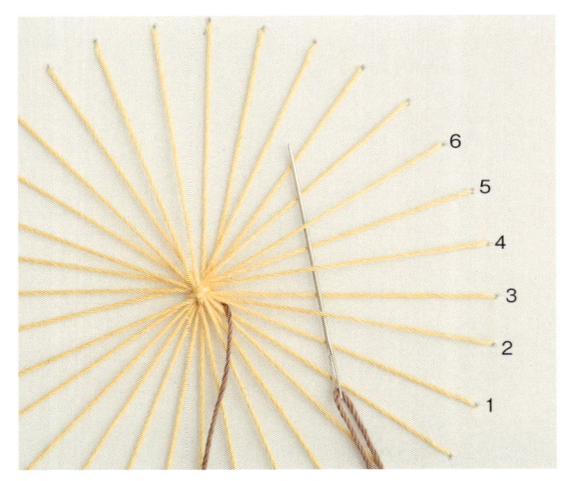

01 土台の糸を1本ずつ互い違いにとり、左まわりに1周する。どの糸からスタートしてもOK。ここでは偶数の糸の下を通る。

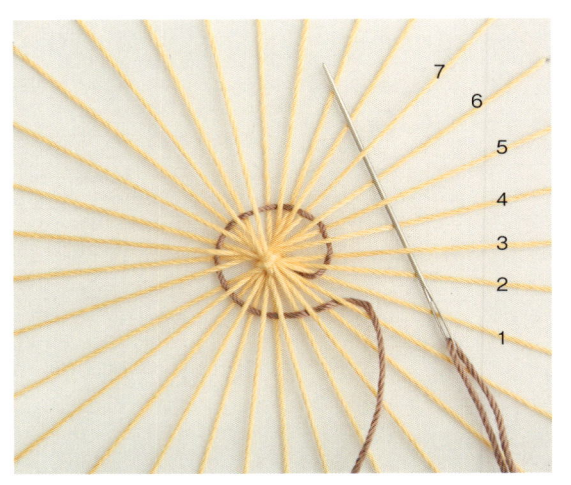

02 1周終えたら、1周めの最初の糸を1本飛ばして、2の糸から1周めと互い違いになるように1周する。ここでは、奇数の糸の下を通る。

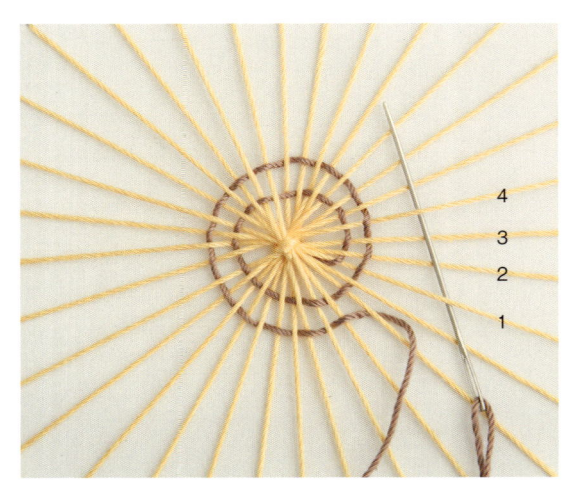

03 2周終わったら、土台の糸2本（2,3）の上を通り、4の下を通す。

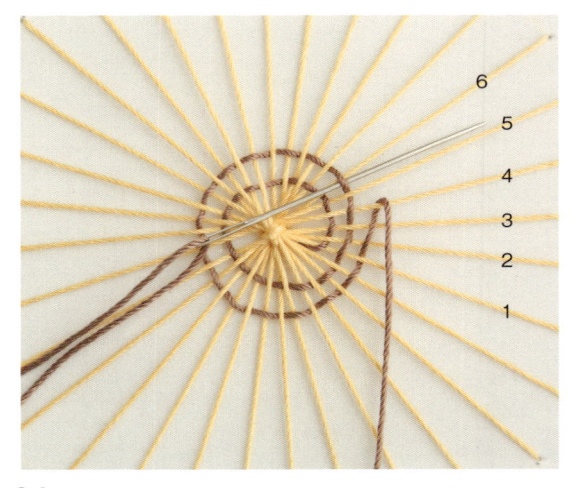

04 5と6の間の2周めの糸に、図のように針を通す。

実際には、中心はこのように小さくなる。

途中で糸を足す

土台の糸から模様の糸に変わる時や糸が足りなくなった時など、途中で糸を足す時には、2つの糸を結んで足します。結び方1、2のどちらの結び方でも構いません。結び方1は「はた結び」と同じです。この結び方の時は、必ずしっかりと結ばれているか確認してから、糸端をはさみで短く切って下さい。

結び方1

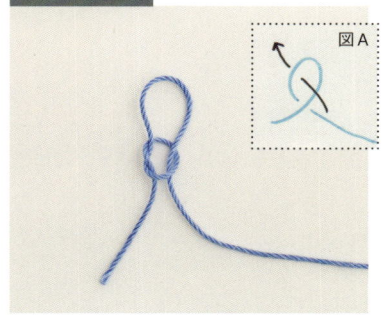

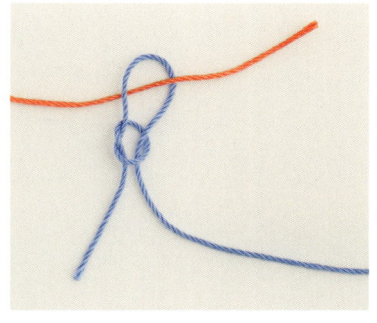

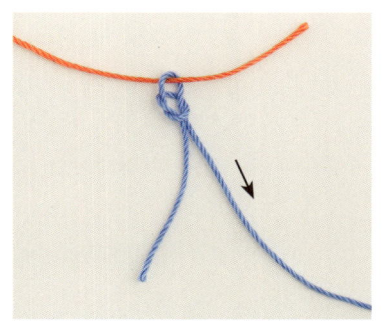

01　図Aのように糸を置き、輪の中から長い方の糸を引き出し、ループの大きな結び目を作る。

02　青糸のループの中に赤糸を通す。

03　青糸の長い方の糸を矢印の方向へ引っぱり、ループを小さくしていく。

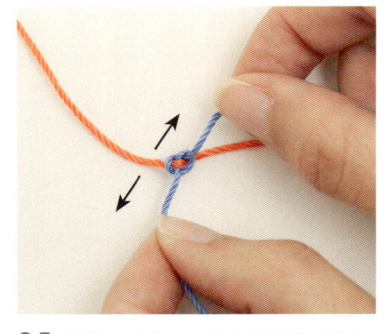

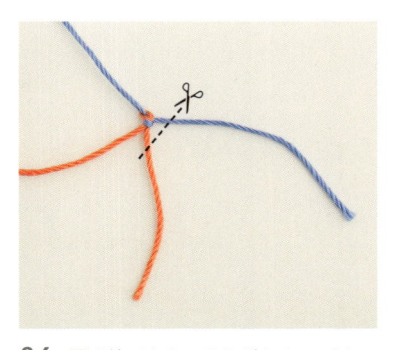

04　ループが写真くらいに小さくなるまで、青糸をひっぱる。

05　写真のように、青糸を両手で持ち、逆方向へ強く引き締める。

06　固く結べたら、それぞれ3mmくらい残してはさみでカットする。

結び方2

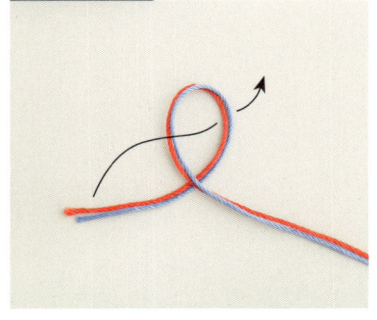

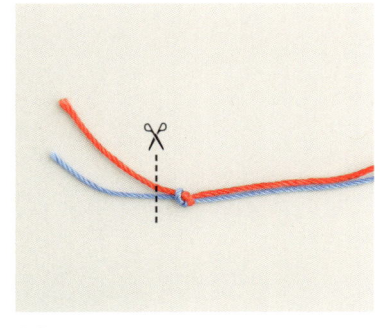

01　2本の端を揃えて、図のように輪を作り、糸端を輪の中に通して、引き締める。

02　固く結べたら、結び目から3mmくらい残して、はさみでカットする。

4．模様を作る

土台の糸に、もう1色の糸で模様を作ります。
模様を作る基本のテクニックは＜織りかがり＞と＜結びかがり＞の2つだけです。
模様の図案を見ながら、これらの手法を使って、模様を作ります。
ここでは、3種類の円形モチーフの作り方の手順を紹介します。

模様の図案

・例：ニャンドゥティ円形a

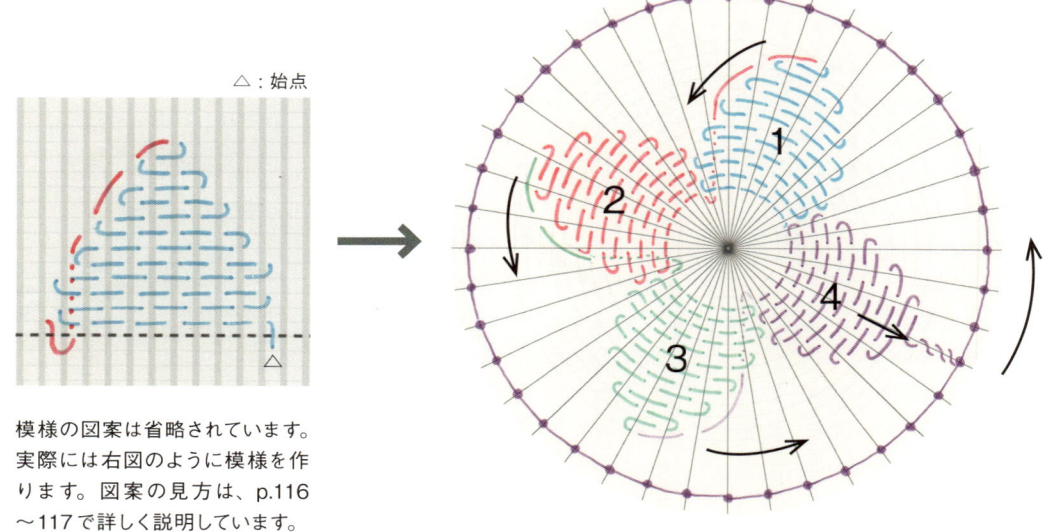

△：始点

模様の図案は省略されています。
実際には右図のように模様を作
ります。図案の見方は、p.116
〜117で詳しく説明しています。

糸の扱い方

模様の糸は、モチーフの始点から終点までが一筆書き
のように全てつながっています。なるべく糸を替える回数
を減らすために、長めの糸を針に通します。このように
糸を針に通すと、作業がしやすくなります。糸が足りな
くなったら、p.37の方法でつなぎます。糸のつなぎ目が
目立たない場所で糸を替えるようにしましょう。

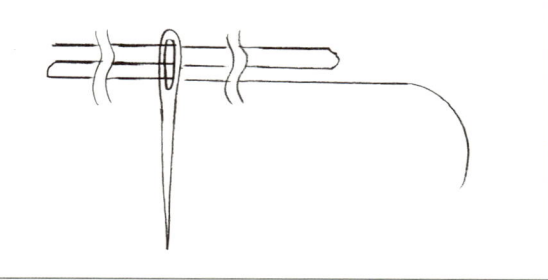

模様の作り方／ニャンドゥティ円形 a

ジャスミンの花の模様。ニャンドゥティではよく用いられる。模様の図案を織りかがりで放射状に4回繰り返す。

用意する糸の長さの目安
土台の糸は1.5m
模様の糸は1.5m

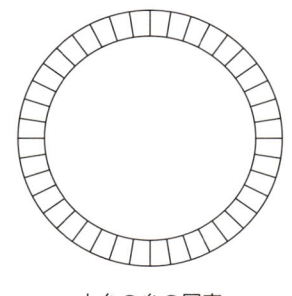

土台の糸の図案
40本 / 3.5cm

模様の図案

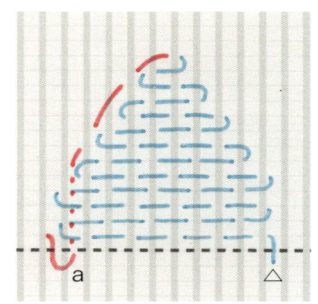

a ▽

01 土台の糸の図案を写す。

02 土台の糸を放射状に張り、中心の織りをした後に、模様の糸に替える。（p.34〜p.37を参照）

03 織りかがりで模様の図案を1つ作ったら、左端の土台の糸2本の間（a）から針を出す。（p.42を参照）

04 左隣に2つ目の模様を作り、全部で4回繰り返す。

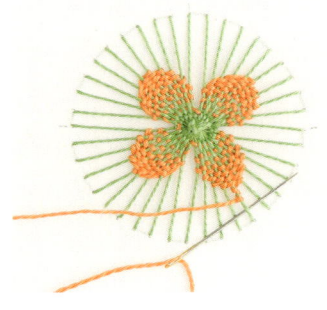

05 4回繰り返したら、土台の糸に絡めながら上へ進み、絡めた土台の糸に結びかがりをする。（p.43、p.44を参照）

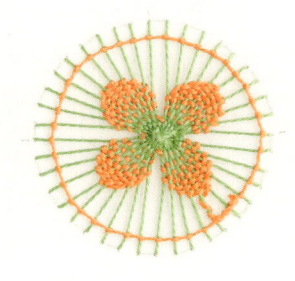

06 土台の糸1本に1つずつ結びかがりを1周する。最後の糸始末はp.44を参照。

模様の作り方／ニャンドゥティ円形 b

模様の図案を放射状に8回繰り返します。

用意する糸の長さの目安
土台の糸は1.5m
模様の糸は1.5m

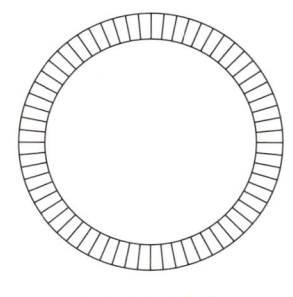

土台の糸の図案
64本 / 3.5cm

模様の図案

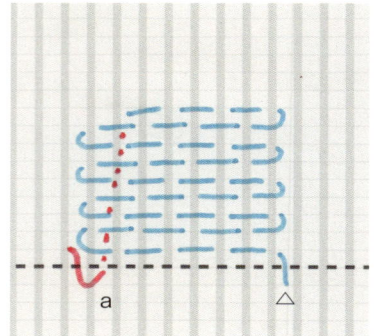

a △

01 土台の糸の図案を写す。

02 土台の糸を放射状に張り、中心の織りをした後に、模様の糸に替える。（p.34〜p.37を参照）

03 織りかがりで模様の図案を1つ作ったら、左端の土台の糸2本の間（a）から針を出す。（p.42を参照）

04 左隣に模様を繰り返す。模様を4回繰り返したところ。

05 模様が8コが出来たら、土台の糸に絡めながら上へ進み、絡めた土台の糸に結びかがりをする。（p.43、p.44を参照）

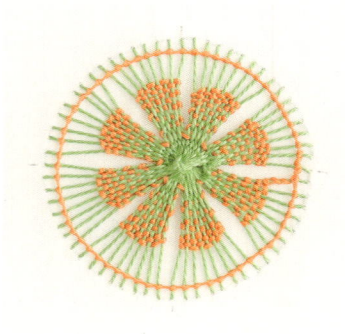

06 土台の糸1本に1つずつ結びかがりを1周する。最後の糸始末はp.44を参照。

模様の作り方／ニャンドゥティ円形c

織りかがりで6周する。1周する毎に、土台の糸を2本飛ばして、上下の糸が互い違いになるように織りかがりで進むこと。

用意する糸の長さの目安
土台の糸は1.5m
模様の糸は1.5m

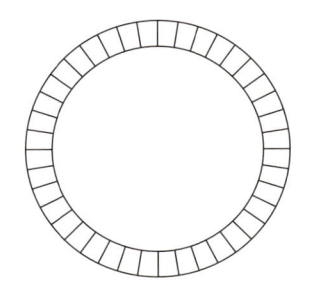

土台の糸の図案
40本／3.5cm

模様の図案

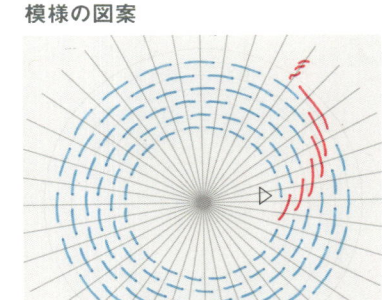

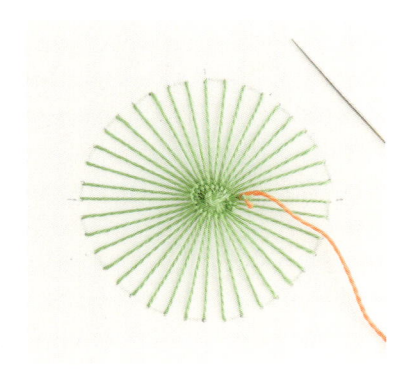

01 土台の糸の図案を写す。

02 土台の糸を放射状に張り、中心の織りをした後に、模様の糸に替える。（p.34〜p.37を参照）

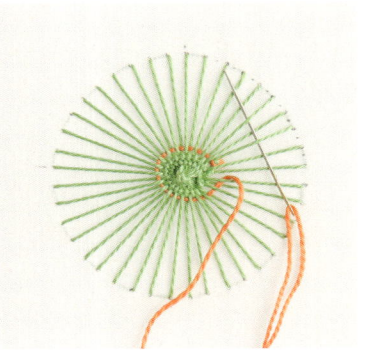

03 織りかがりを1周する。2周めは、前段と糸が互い違いになるように、土台の糸2本を飛ばして進む。

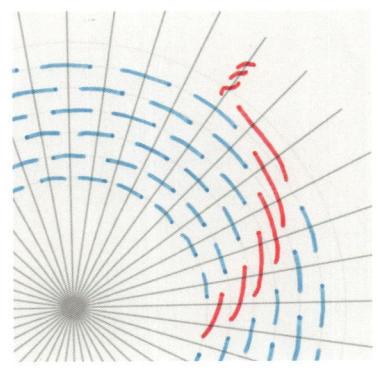

04 織りかがりを一周する毎に、赤線のところで土台の糸2本の上を通す。

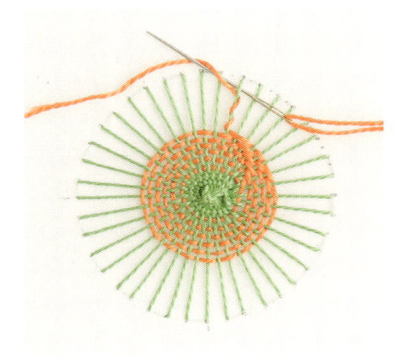

05 織りかがりが6周終わったら、土台の糸に絡めながら上へ進み、絡めた土台の糸に結びかがりする。

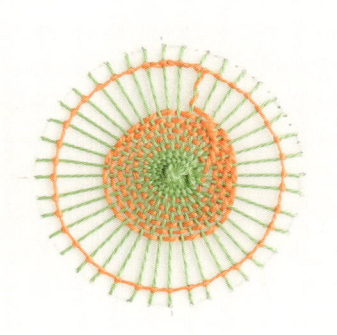

06 土台の糸1本に1つずつ結びかがりを1周する。最後の糸始末はp.44を参照。

織りかがり

土台の糸と模様の糸を交互に浮き沈みさせ、織るようにかがりを入れて、面や線を表現します。高さを出す場合は、上へ段を重ねます。
基本的には、一段毎に、模様の糸が互い違いになるように、糸を通します。

基本

△：始点

図案では、このように。

実際には、隙間をあけずに重ねる。

一番最初の織り始めは、上から始まっても構いません。

模様間の移動の方法

円形の模様は、ほとんどが1つの模様を何回か繰り返して作られます。基本的に全ての模様は一筆書きのようにつながっているので、1つの模様の終点から次の模様の始点までは、糸を移動させる必要があります。花の図案では、写真のように糸を移動させます。

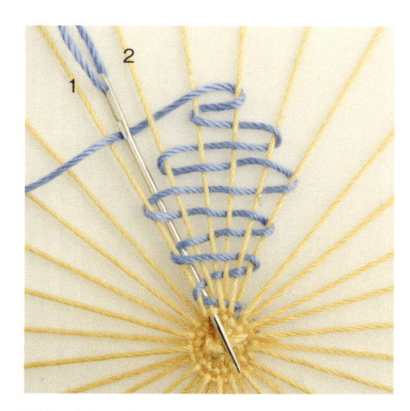

01 土台の糸を互い違いに1段織るように降り、模様の一番端の2本（1.2）の間から糸を出す。

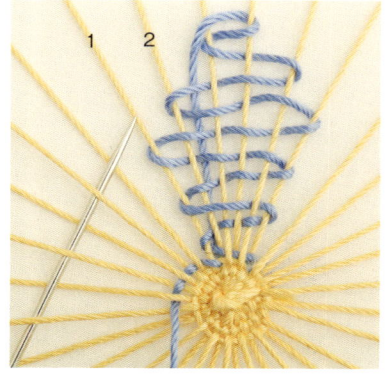

02 2つ目の模様を織りかがりしているところ。

織り順の例外

織りかがりの基本は、前段と現在の段が互い違いになるように織り進みますが、きれいに仕上げるために一部で、土台の糸2本を一度に織り進むことがあります。それが必要なところには、図案に矢印を記載していますので、図の通りに糸を進めて下さい。

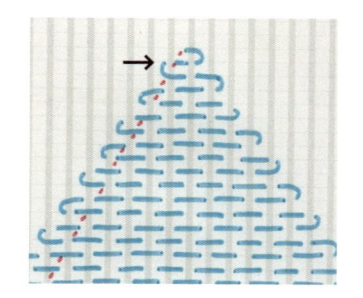

<table>
<tr><td>

結びかがり

</td><td>

土台の糸に結び目を作り、模様を表現するテクニック。
モチーフの縁のラインによく使われています。ここで紹介するように、
土台の糸1本に結び目を1つ作る場合のほか、複数本をまとめて結ぶこともあります。
結び目を適した場所に作るには、糸の引き加減がポイントになります。

</td></tr>
</table>

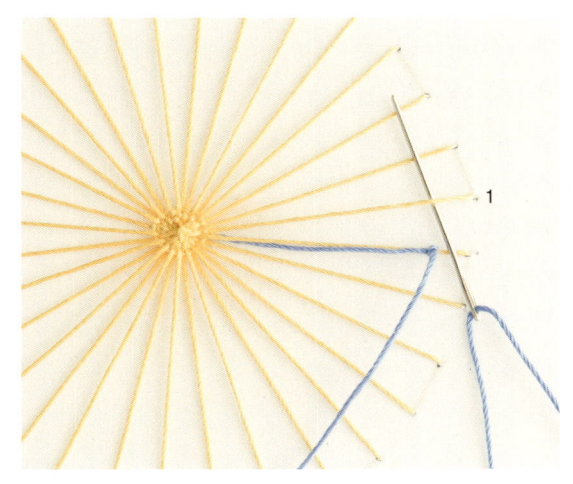

01 土台の糸の下に針を写真のように置く。結ぶ糸の本数は図案の指示に従う。ここでは、1本ずつ結ぶ。

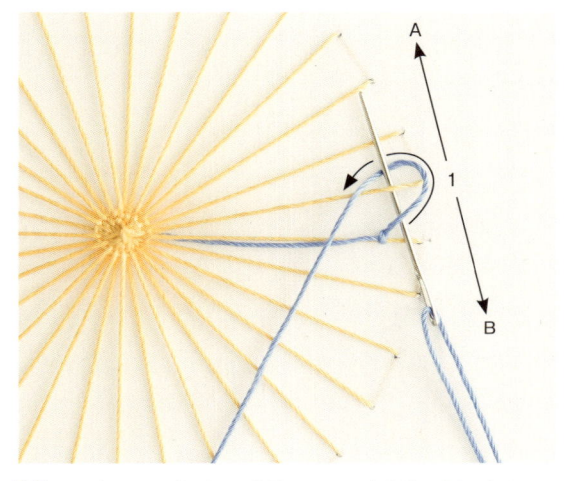

02 1の糸の下に針がある状態のまま、糸を針の頭に左まわりにかける。写真のように糸をかけたら、針を矢印Aの方向へ引き出す。

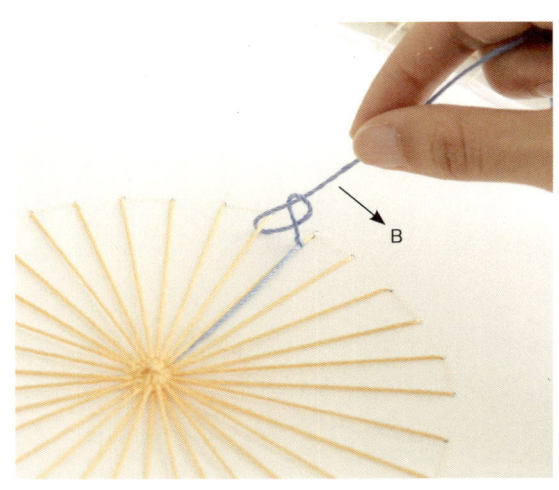

03 1の糸の下から針が出たら、次に矢印Bの方向へ糸をゆっくり引く。

04 布の上の糸の輪がどんどん小さくなっているところ。

05 矢印Bの方向へ糸を引き、結び目を作る。

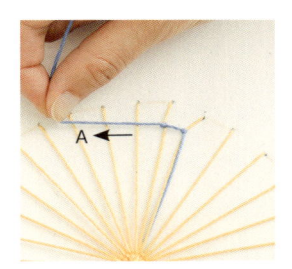

06 結び目ができたら、再び矢印Aの方向へ糸を引き、結び目の位置を調整する。

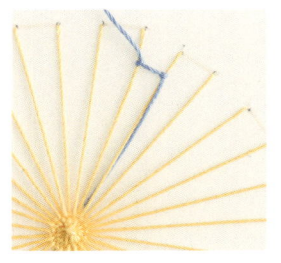

07 土台の1本の糸に結びかがりが出来たところ。

中央の模様が全て終わった後に、円の縁に1コめの結びかがりをする時は、
土台の糸に絡めながら糸を移動させる。

01 中央の模様が終わったら、土台の糸に絡めながら上へ糸を
移動する。

02 絡めた糸から、円の縁に結びかがりを1本に1コずつしていく。

模様の終わり方

円の縁に結びかがりの模様を作り終えた後の始末の方法です。

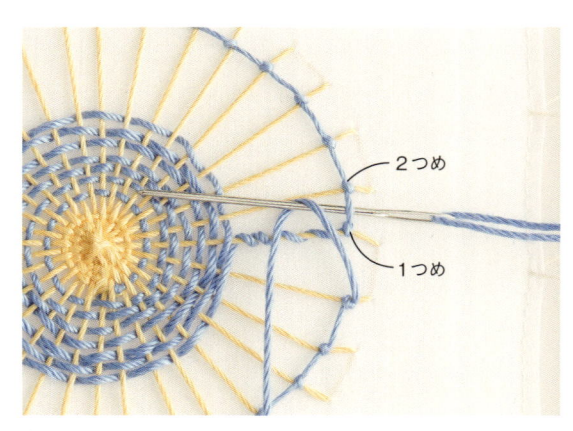

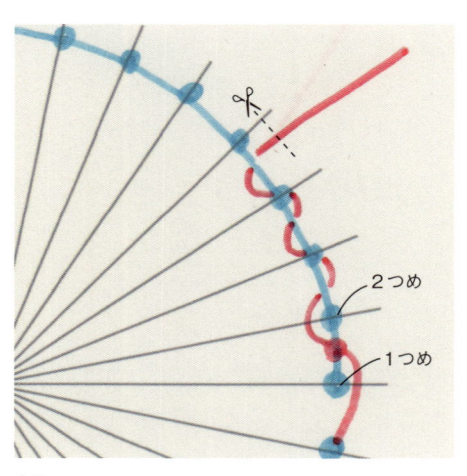

01 1つめと2つめの結びかがりの間に、結びかがりを1つ作る。

02 近くに糸をすこし絡めてからはさみで糸を切る。

円形以外のモチーフでも、結びかがりで終わる時には近くの土台の糸に絡ませてから糸を切る。(リーフp.79を
参照)最後の結びかがりの近くに織りかがりがある場合には、織りかがりの糸の中に針をくぐらせてから糸を切る。
(扇形p.66、テープp.89を参照)

5. 布からモチーフを切り取る

モチーフを作り終えたら、布からモチーフを切り取ります。
パラグアイでは、キャッサバという芋の澱粉を使いますが、
本書ではその代わりに木工用ボンドを水で薄めたもので糊づけします。枠に布を張ったまま全ての工程を行います。

1. モチーフの裏の布を切り取る

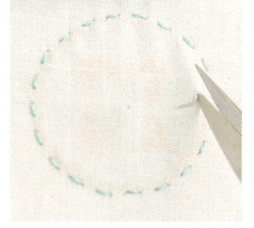

切りとり線

作り終わった円形ニャンドゥティの裏側。枠に布を張ったまま、裏側の縫い目よりも
5mmくらい内側の布だけをはさみで切り取る。

布を切り取ったところ。

2. 糊づけする

刷毛で糊づけする。

糊の作り方
木工用ボンドを水で薄めて、混ぜたもの
で糊づけする。一般的なドイリーなどで
は、ボンドの8〜10倍の水で薄めるが、
アクセサリーの場合は、より堅さを出す
ために水の量は、ボンドの4倍で、立体
の花の場合は、ボンドの3倍の水で薄める。

木工用ボンド：水
1:4　アクセサリー用のニャンドゥティ
1:3　立体（花など）のニャンドゥティ

糊づけの方法
1. 完成したニャンドゥティが汚れている場
　合は、やわからいブラシで洗ってから
　乾燥させる。
2. 水で薄めた木工用ボンドをやわらかい
　刷毛、筆を使い、ニャンドゥティの表
　と裏にまんべんなくつける。
3. ニャンドゥティについた余分な糊をティ
　ッシュなどできれいにふき取ってから、
　自然乾燥またはドライヤーで糊を乾燥
　乾燥させる。

3. モチーフを切り取る

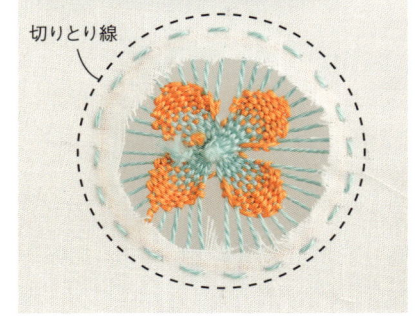

切りとり線

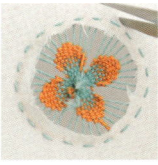

モチーフの縁につ
いた布を手で取っ
たら完成。

縫い目から1mmくらい外側をはさみで切り取る。

円形モチーフから **立体の花を作る**

円形のニャンドゥティを応用して、立体の花のパーツを作ることが出来ます。

本書に登場する立体の花は3種類（ニャンドゥティ花大、花中、花小）。
どれも、花のサイズや糸の本数が違うだけで、立体にする手順は同じです。

ニャンドゥティ花中と花小は、円形の土台の糸が50本です。
50本の土台の糸を布に張る時の方法が基本（p.34-35）と少し違うので、p.125を参照して下さい。

立体の花の作り方

point

ニャンドゥティを糊づけする際に、木工用ボンドの濃度を通常よりも濃くすることで、しっかりした立体の花のパーツに仕上がります。立体にする時は、木工用ボンドの3倍の水で薄めて糊づけします（通常のアクセサリーでは、ボンドの4倍）。作品に応じて、花の中央に好みのパーツを留付けて使います。

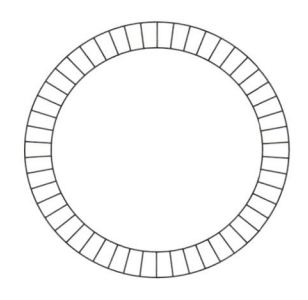

土台の糸の図案
50本 / 3.5cm

模様の図案

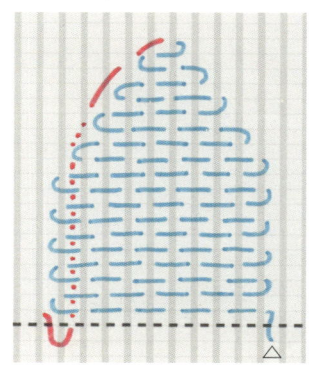

01 円形モチーフの作り方で、5枚の花びらのニャンドゥティを作る。円の縁の結びかがりはしない。

02 p.45を参考に、木工用ボンドの3倍の水で薄めたもので糊づけしてから、布からモチーフを切り取る。

03 花びらの形に沿って、はさみでカットする。

04 花の形にカットしたところ。

05 目打ちの先端を使って、1枚ずつの花びらに丸みをつける。

06 立体の花のニャンドゥティが完成。作品によって、中央にパーツをつけて使う。

Point

ニャンドゥティ作りのポイント

Point 1

ニャンドゥティをきれいに仕上げるためには、布が枠にしっかりと張れている必要があります。布がたるんでいると、作り方が正しくても、作業がしづらかったり、きれいにモチーフが仕上がりません。p.32のように内側の枠に布製のテープを巻き付けて、枠のねじをペンチで締めるなど、なるべくしっかりと張りましょう。枠に張った布がゆるんできたら、その都度、ねじを締めるなど、布を張り直して下さい。

Point 2

ニャンドゥティは、最後に枠に張った布から切り取ります。布に穴が空くので、枠の中に複数まとめてニャンドゥティを作り、一度にまとめて糊づけし、布から切り取る作業をすると、布が無駄になりません。その際に、モチーフ同士の間は1cmあけて下さい。

Point 3

パラグアイでは、図案の本数にはあまりこだわらずに各自の感覚で糸を張り、張った後で本数を数えて、モチーフごとに必要な本数を割り出したり、調整などします。図案の本数通りにおさまらない時は、ほかの場所の本数を増減するなどで調整して模様を作って下さい。

Point 4

織りかがりや結びかがりをする時の糸の引き加減によって、モチーフの模様の形は少しずつ変わります、織りかがりの段と段の間をどれくらいにするかなど、完成作品の写真を参考にして、模様を作りましょう。経験を重ねることで、どれくらいの手加減で糸を引くかがわかってきます。

ニャンドゥティの
民族衣装

1. ダンサーのエストレリャ・ゴドイさん（Estrella Godoy Gubo）。
2.3 ジェロク・パラグアイのダンサーたち。スカートを広げると、使われているニャンドゥティが多いことがよくわかる。

ニャンドゥティの美しさを最大限に引き出すものの一つに、パラグアイの女性用の民族衣装があります。贅沢に使われたニャンドゥティがきわめて華やかなドレスです。色は、同系色や多色のものなど様々ですが、形には一定の特長があります。スカートとブラウスに別れていて、腰にはパラグアイの国旗の3色を使ったベルトを巻きます。くるぶしまで届く長いスカートは、広げるとほぼ円形かそれ以上に広がるほど、特別に多くのニャンドゥティを使います。そこに使われるニャンドゥティのモチーフの数は、なんと500から1000コ。ブラウスの身頃部分には無地の布が使われ、肘までの袖がついています。襟まわり、袖の全体がニャンドゥティで作られています。ニャンドゥティの模様としては、スカートには、ジャスミンの花の模様が、襟と袖にはウェボと言われる半円の模様が使われることが多いです。ドレスは、使用するニャンドゥティの量が驚くほど多いので、その分、値段も高価になります。そのためか、既成のものを選んで買うよりも、オーダーメードで自分のサイズや好みの色で特別に作る方が多いようです。

このドレスがいつ誕生したかはわかっていませんが、現在では、パラグアイ音楽を奏でるハープ奏者やパラグアイダンスの女性用の衣装として主に用いられています。エストレリャ・ゴドイさんは、ウィーンを拠点に、世界各地でパラグアイ文化を広める民族舞踏グループ「ジェロク・パラグアイ」のリーダーでありパラグアイダンスの指導者。彼女は、この美しいドレスを着て、踊ることで、ニャンドゥティに光をあてることも自分の責任ある努めだと考えています。「ニャンドゥティの色彩とダンスの複雑な動きが合わさることで、その魅力が何倍にも膨らみます。ダンスを演じた全ての国の人がニャンドゥティを好きになってくれるんです」

日本国内でも、ニャンドゥティのドレスを身にまとったパラグアイダンスの公演やパラグアイハープ奏者の演奏会も開かれていますので、そうしたところで、実物のドレスの美しさに触れることも出来ます。ダンサーや奏者がの衣装という形で、パラグアイから遠く離れた場所で、ニャンドゥティの魅力が広められています。

ジェロク・パラグアイ（Jeroky Paraguay）
オーストリアのウイーンを拠点に、ダンス、工芸、音楽などパラグアイ文化を広める民族舞踏グループ。2012年からは、ヨーロッパ、アメリカ、エジプトなどの国際フェスティバル、国連のチャリティーイベント、各国パラグアイ大使館の招聘イベントなどに出演。
https://www.facebook.com/estrella.gubo 　　http://www.asopara.at/

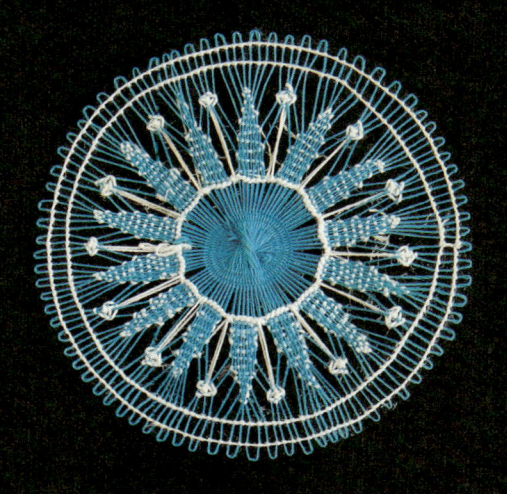

パラグアイのニャンドゥティ　職人が作る伝統模様　El ñandutí del Paraguay

Ñandu Apesa ／ 重なりあった蜘蛛

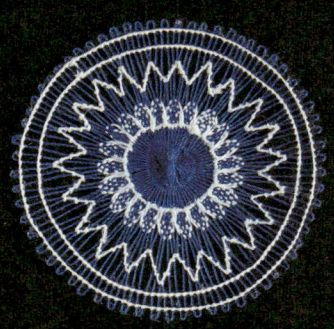

Tela de araña con takuru
／ 蜘蛛の巣と蟻塚

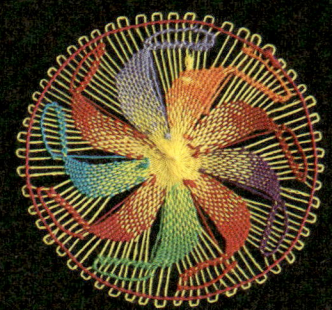

Hacha ／ 斧

Takuru con Tahýi pepo ／ 蟻塚と羽蟻

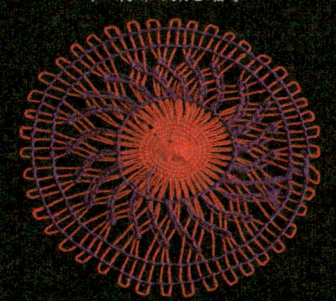

Pira costilla（mandi'i）
／ なまずの骨

Typycha campaña ／ 田舎のほうき

Flor de margarita
／ マーガレットの花

Takuru con Mbokaja
／ やしの木と蟻塚

Arai ／ 雲

Aguara ruguái ／ きつねのしっぽ

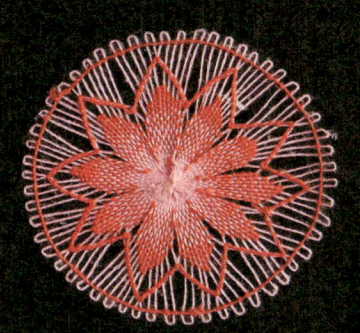

Takuru con karéi
／ 蜘蛛の巣のギザギザと蟻塚

Capi'una ／ 雑草

Puru'āvo ／ へそ

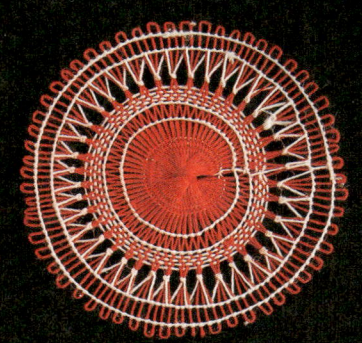

Cañoto ／ 椰子や竹を切ったもの

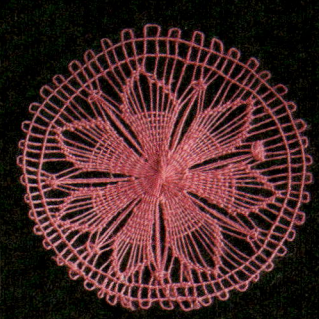

Canasto ramo ／ かご

Cola de oveja ／ ひつじのしっぽ

Tela de araña con takuru
／ 蜘蛛の巣と蟻塚

Jasmìn poty ／ ジャスミンの花

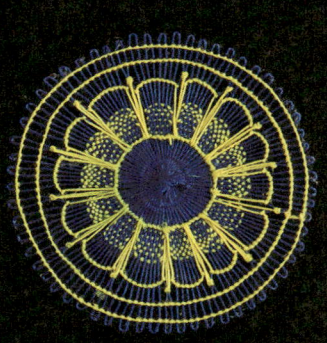

Margarita silvestre
／ 野生のマーガレット

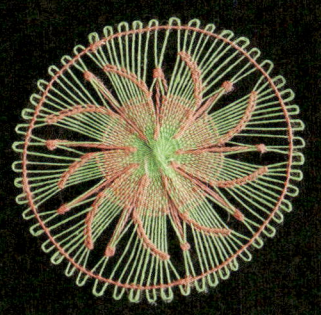

Adobe y Variantes
／ れんがとその変形

Takuru ／ 蟻塚

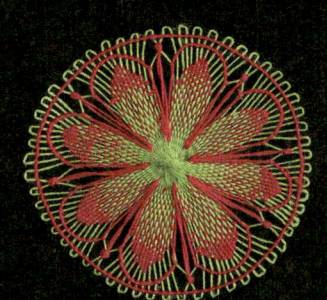

Margarita ／ マーガレット

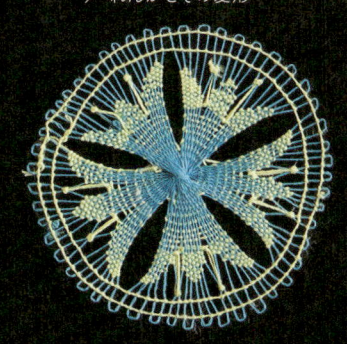

Flor ／ 花

Aràcnido ／ 蜘蛛

ニャンドゥティの産地、
イタグアの職人が作るニャンドゥティ

　ニャンドゥティは、パラグアイ東部にあるイタグアという町で受け継がれてきました。今でも、ここにはニャンドゥティにまつわる職人が暮らし、関連する店や会社が集まっています。古いニャンドゥティを展示、紹介する教会が運営する小さな博物館もあり、毎年3月の第2土曜日にはニャンドゥティ祭りも行われます。このお祭りでは、様々な作り手の作品が販売されたり、ニャンドゥティの民族衣装を着たダンサーや音楽家たちのパフォーマンスが見られます。イタグアの町では、ニャンドゥティ制作は様々な職人の分業で行われています。専用の枠に布を張る人、ニャンドゥティを作る人、完成したニャンドゥティを枠から切り取り、仕上げの糊づけを行う人など、様々な人の手によってニャンドゥティが作られています。

　皆さんは、ニャンドゥティは、どんなところで制作されていると思いますか？　作り手の多くは女性で、それぞれの家の庭の木陰に椅子を置き、時にはおしゃべりをしながら、青空の下で作業が行われています。パラグアイの多くのニャンドゥティは、8番刺繍糸と同じくらい太さの糸で作られていて、それよりも細い糸には、ミシン糸が使われます。糸の太さが違っても作り方は同じですが、細ければ細いほど、時間もかかり、難しくなるので、誰もが作れる訳ではありません。p.50〜p.55に紹介した直径4〜5cmの円形のモチーフは、ミシン糸で作られたものです。模様が同じでも、太めの糸で作られたニャンドゥティのカラフルさ、力強さとは異なり、万華鏡の世界をのぞいているような、緻密な模様の美しさが際立ちます。全体的にニャンドゥティの作り手が高齢化し、少なくなっているなかで、ミシン糸ほどの細い糸で作れる人の数はさらに少なく、年々、貴重なものになっています。

1　植民地時代の建物が残るイタグアの街並み
2　ダンス・アカデミー "ニェミトゥ"（Ñemity）の生徒たち
3　木陰で製作中の親子
4　細糸のモチーフ達

Abanico

ニャンドゥティのアクセサリー
扇形モチーフ

シンプルアクセサリー

ニャンドゥティの扇形モチーフに、丸カンやCカンをつなげたり、アクセサリー金具をつけるだけ。シンプルで、簡単なアクセサリーの出来上がり。

how to make >> p.95
ニャンドゥティ図案 >> p.126, p.121

ラメ糸の扇形ピアス

ラメ糸だけ作った扇形モチーフのピアスは、
シンプルで大人っぽい印象に。お好みのピ
アス金具を合わせて下さい。

how to make >> p.106
ニャンドゥティ図案 >> p.126, p.121

ビーズの扇形ピアス

竹ビーズを糸に通しながら作った扇形モチーフのニャンドゥティ。ビーズが際立つように、糸は1色でまとめました。

how to make >> p.106
ニャンドゥティ図案 >> p.126, p.122

タッセル風ラリエット

模様の糸にグラデーションの25番刺繍糸
を使った扇形のニャンドゥティ。糊づけされ
たニャンドゥティの特長を活かして、タッセ
ルのように全体をくるっと丸めています。

how to make >> p.107
ニャンドゥティ図案 >> p.126, p.121

ニャンドゥティの基本
扇形モチーフの
作り方

扇形や三角形は、伝統的なニャンドゥティのモチーフの
形です。単体として作られることもありますが、円形など
のモチーフを複数つなげる時にもよく用いられます。様々
な模様が組み合わされますが、ここでは、基本の模様と
して「ニャンドゥティ扇形a」の作り方を説明します。

1. 土台の糸を張る

刺繍枠に張った布の上に土台の糸の図案を写し、糸を張ります。ここでは、20本の土台の糸を張りますが、本数やサイズが違う場合、また、扇形ではなく三角形の場合でも、手順は同じです。

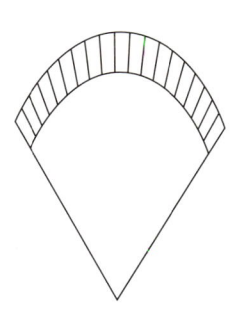

ニャンドゥティ扇形a
土台糸の図案
3.7cm×2.8cm

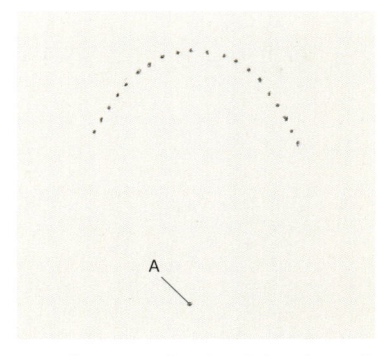

01 枠に張った布の上に土台の糸の図案を写す。(p.32〜33を参照)

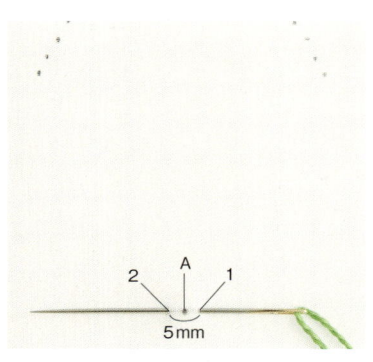

02 糸端に玉結びを作った1.5mの糸を針に通し、Aを中央に1から2に5mmすくって針を出す。

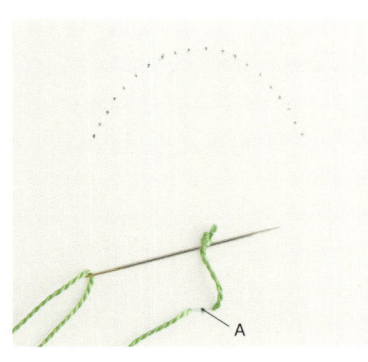

03 糸端の玉結びの真下の糸を針で割って、糸を通す。

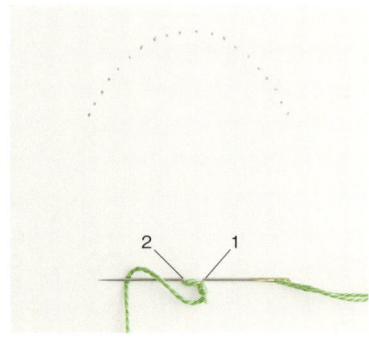

04 1から2にもう一度、針を出し、針先に糸を回しかけて結びかがり(p.43)する。

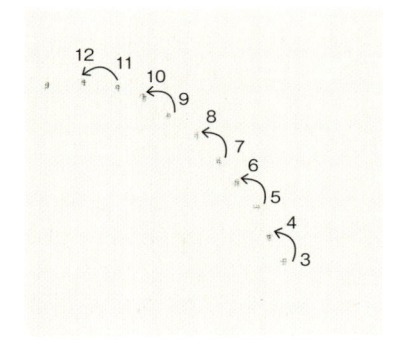

05 右上の図案の端の3から4に針を出す。

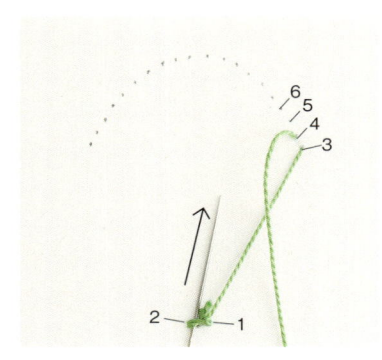

06 1から2の縫い目に針を通してから、5から6に針を出す。

07 1から2の縫い目に針を通してから、1目縫うを繰り返し20本の糸を張る。最後も1から2の縫い目に針を通し、糸をすべて出しきる。

08 1から2の縫い目にもう一度、針を出して、針先に糸を回しかけ、結びかがりする。

2.模様を作る

模様の図案
ニャンドゥティ扇形a

織りかがりと結びかがりで模様を作ります。

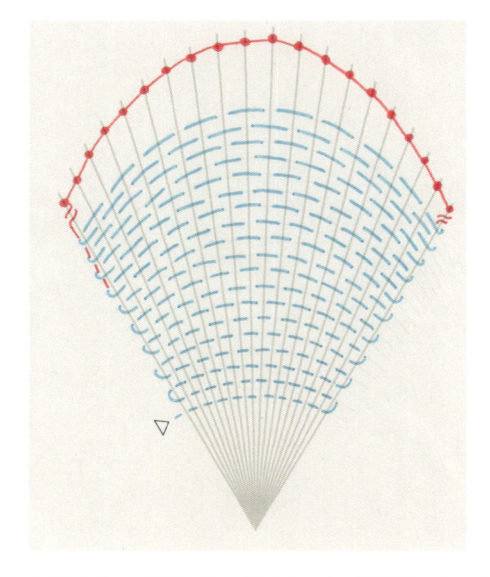

01 模様の糸をつなぐ。（p.37 を参照）

02 模様の図案を見ながら、織りかがり（p.42）で模様を作っていく。

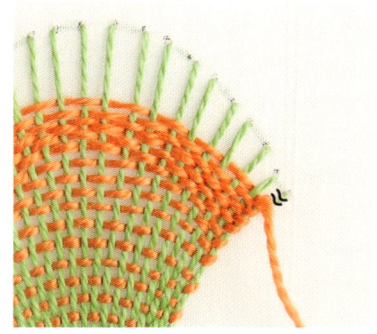

03 織りかがりを19段したら、右端の土台の糸に絡めながら上方へ移動する。

04 輪郭より内側の土台の糸に1本に1コずつ結びかがりをする。

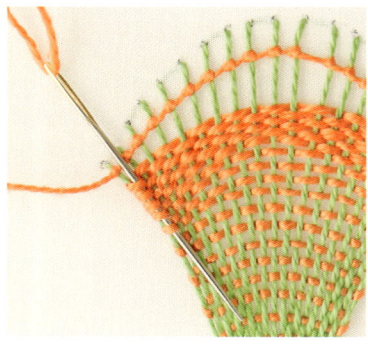

05 左端の織りかがりに糸をくぐらせて、糸を切って始末する。

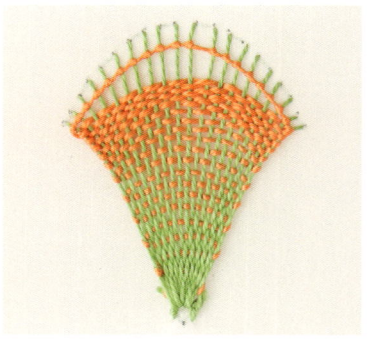

06 模様が出来たら、糊づけし、布から切り取って完成。（p.45 を参照）

模様の図案
ニャンドゥティ扇形b

土台の糸の図案はニャンドゥティ扇形aと同じ。10段めまでは、土台の糸の端から端まで織りかがりし、11段め以降は、土台の糸を1段につき1本ずつ減らしながら、29段まで織りかがりする。

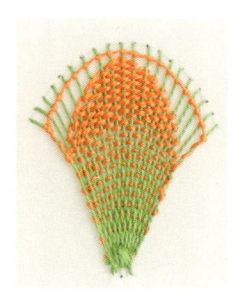
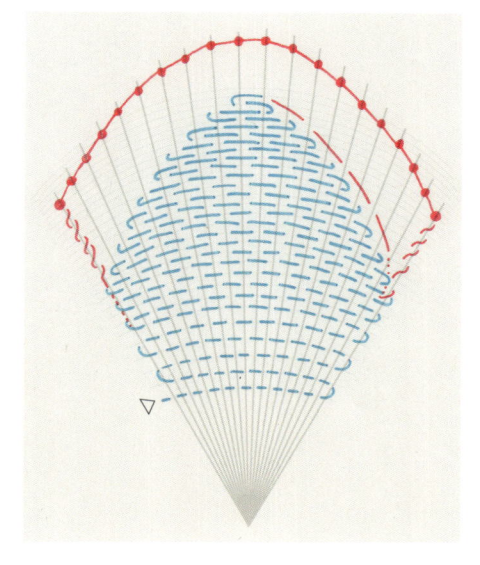

ビーズの入れ方

土台の糸を張る時に、以下のようにビーズを1本に1コずつ通していく。
土台の糸を張る手順はp.65と同じ。

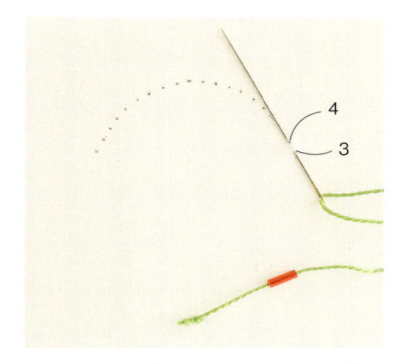
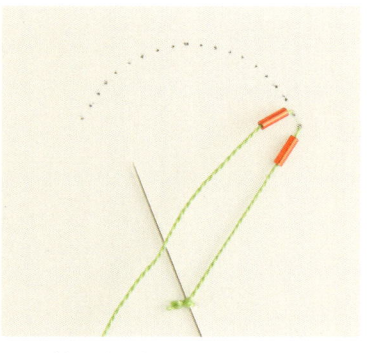

01 p.65のプロセス01から04まで終わったら、糸にビーズを1コ通してから右端の3〜4を一目縫う。

02 針にビーズを1コ通してから、一番下の縫い目に針を通す。これ以降は同様に、1本に1コずつビーズを通しながら、土台の糸を張っていく。

03 全てのビーズを通してから、模様を作っていく。

リーフのロングネックレス

リーフモチーフのニャンドゥティをたくさんつなげて作るロングネックレス。全てのモチーフ同士を丸カン2つずつでつなげています。

how to make >> p.108
ニャンドゥティ図案 >> p.126, p.122

リーフのカチューシャ

シルバーのラメ糸で模様を作った
リーフのニャンドゥティで華やかなカ
チューシャに。頭に着けると模様がくっ
きりと浮かび上がります。

how to make >> p.110
ニャンドゥティ図案 >> p.126, p.122

木の実とリーフのコーム

ウッドビーズに赤系のニャンドゥティを組み合わせたあたたかみのあるコーム。全てのパーツをワイヤーでコームに巻き留めています。

how to make >> p.109
ニャンドゥティ図案 >> p.126, p.122

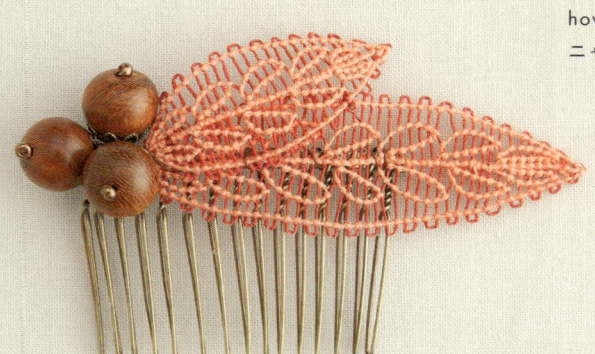

ラメリーフのネックレスとピアス

ラメ糸だけでニャンドゥティを作った難易度の高い作品。
手間と時間がかかる分、高級感のある仕上がりに。

how to make >> p.112
ニャンドゥティ図案 >> p.126, p.123

リーフモチーフの
作り方

葉っぱの形は、伝統的なニャンドゥティのモチーフの形です。このモチーフに、様々な模様が組み合わせられますが、ここでは、基本の模様として、楕円形の葉脈のような模様「ニャンドゥティリーフa」の作り方を説明します。

1. 土台の糸を張る

刺繍枠に張った布の上に土台の糸の図案を写し、糸を張ります。
ここでは28本の糸を平行に張りますが、本数や形、サイズが違うリーフの場合でも手順は同じです。

土台の糸の図案

ニャンドゥティリーフa

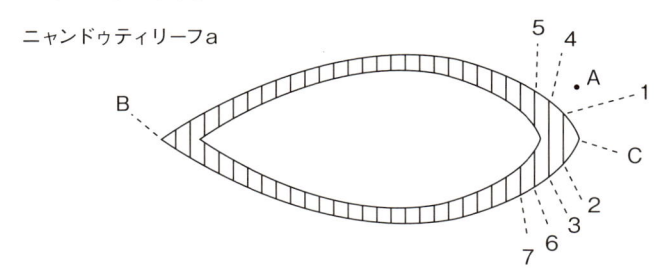

＊Aは、始点1から5mmほど離れたところであればどこでもよい。

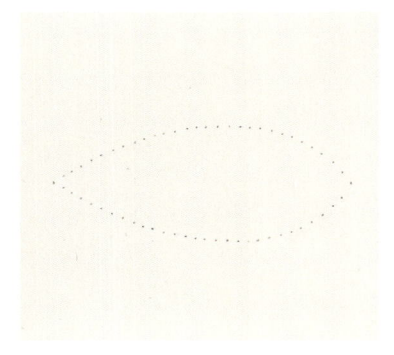

01 枠に張った布の上に、土台の糸の図案を写す。（p.32～33を参照）

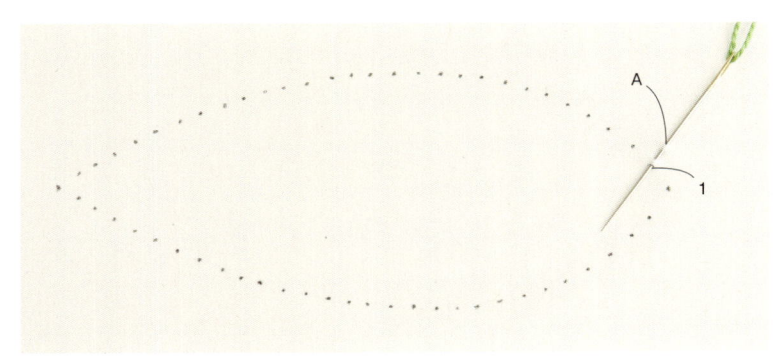

02 糸端に玉結びした2mの糸を針に通し、Aから針を出し、2、3目縫って始点1に針を出す。

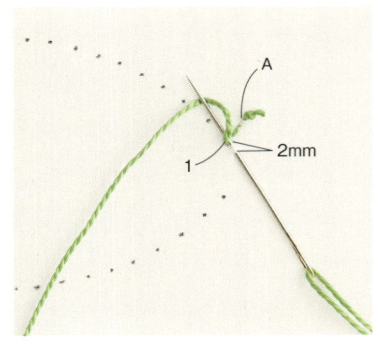

03 始点1で布を2mmほど縫いながら、結びかがり（p.43）する。

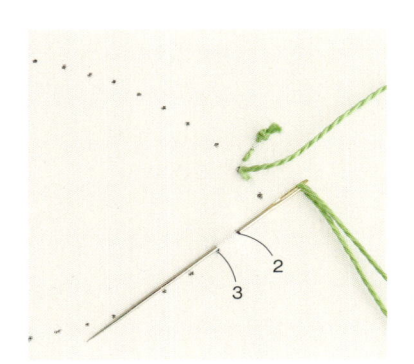

04 2から3に針を出す。

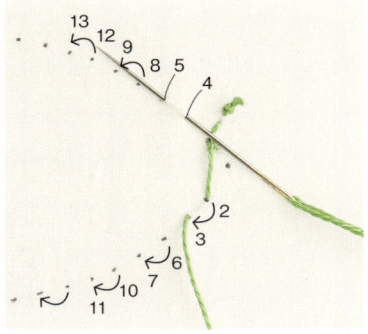

05 4から5に針を出し、以降も同様に上下を縫いながら、土台の糸を張っていく。

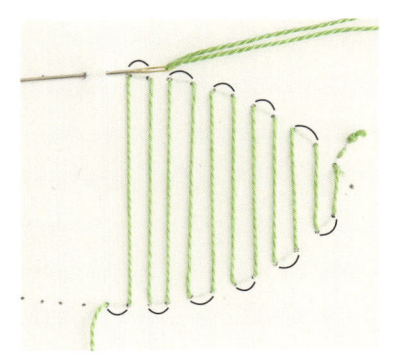

06 土台の糸を途中まで張っているところ。

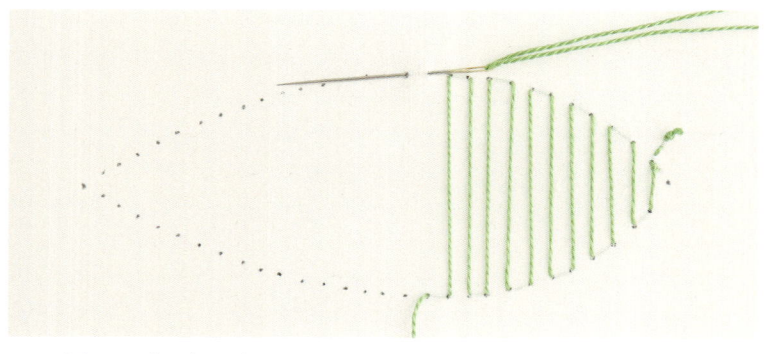

07 全部で28本の糸を平行に張る。

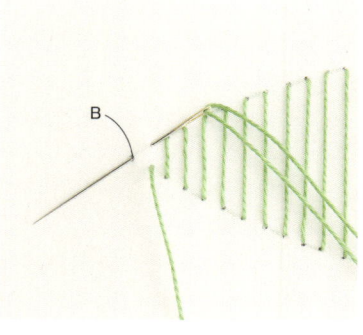

08 最後の糸を張り終えたら、頂点Bに
針を出す。

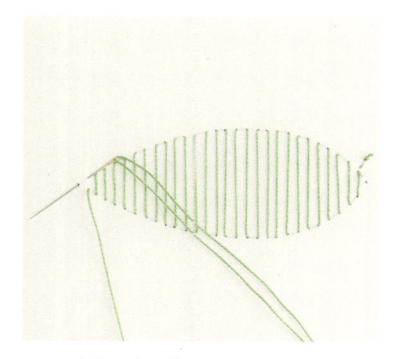

09 土台の糸を全て張り終えたところ。

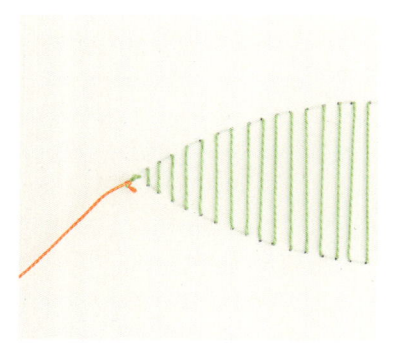

10 p.37の方法で模様の糸をつなぐ。

2.模様を作る

前半と後半に分けてニャンドゥティリーフaの模様の作り方を説明します。

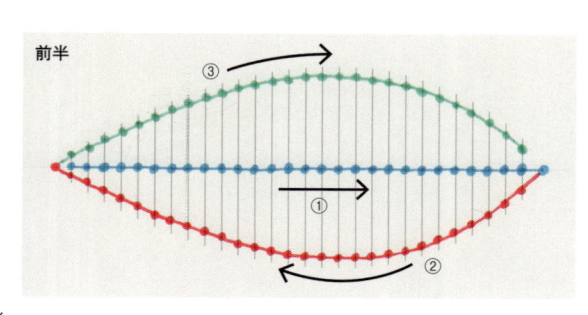

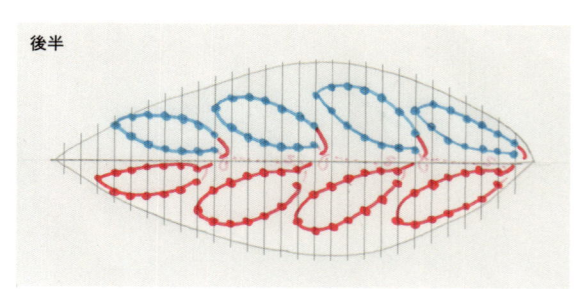

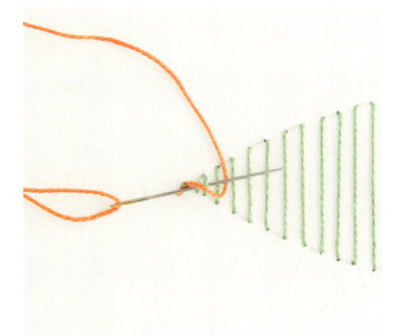

01 土台の糸の中央に、1本1コずつ結びかがりをする。

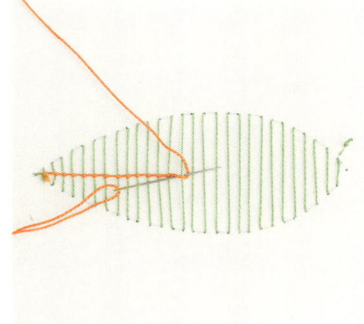

02 途中まで、結びかがりをしているところ。

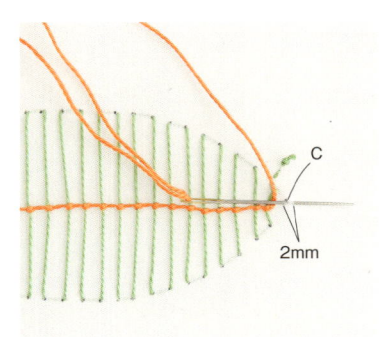

03 右側の頂点Cでは、布を2mmほど縫いながら結びかがりをする。

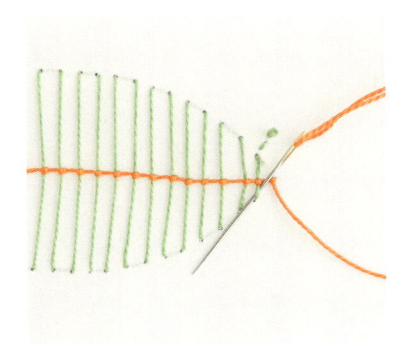

04 葉の輪郭の内側に、1本に1コずつ結びかがりをする。

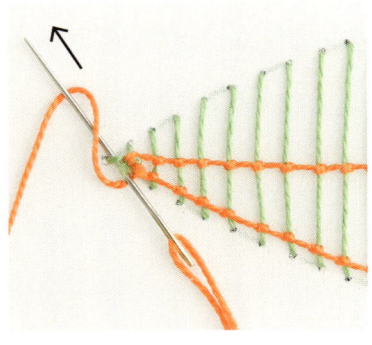

05 左側の頂点でも結びかがりを1回する。

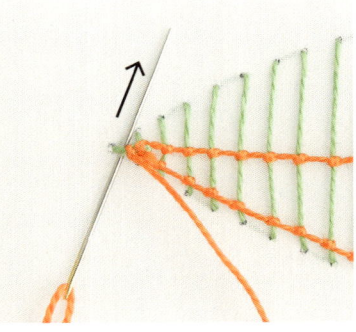

06 針と糸を矢印の方へ出し切ってから、上側も同様に、結びかがりをしていく。

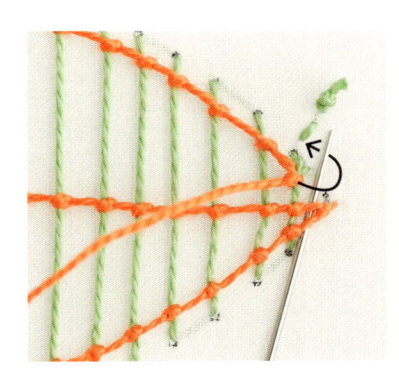

07 右側の頂点では、2本の糸の下に針を通し、針先に糸を回しかけて、結びかがりをする。

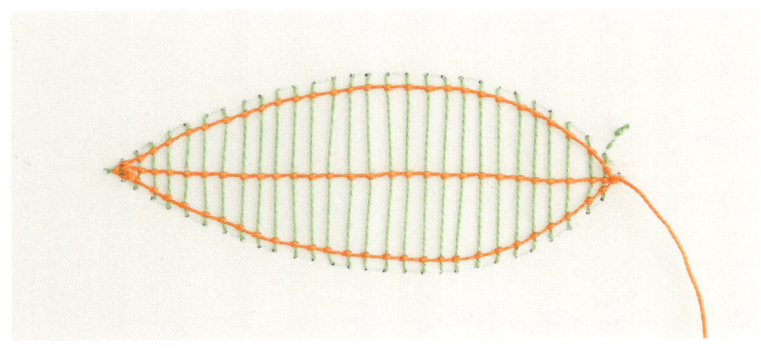

08 中央と輪郭に結びかがりで模様を作ったところ。

模様を作る　後半

後半の模様も全て結びかがりのみで作ります。
左右のパートからなる1つの模様を4回繰り返します。

模様の図案 ／ ニャンドゥティリーフ a

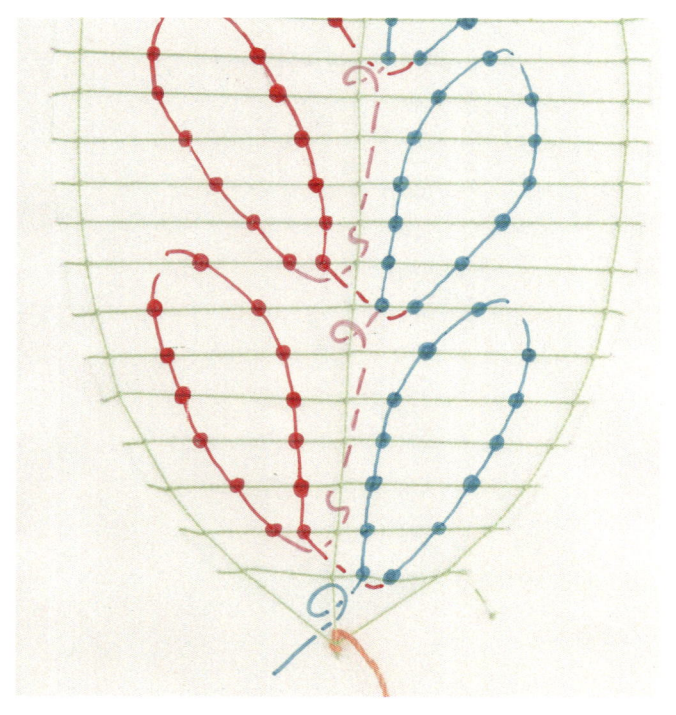

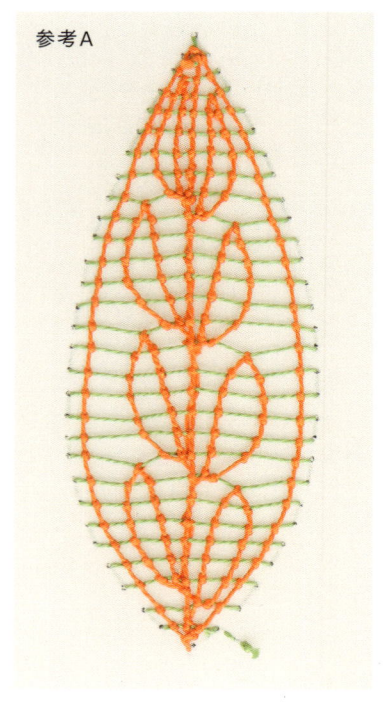

参考A

・図案では、一つの楕円の模様は、土台の糸7本を結びかがりしていますが、端で作りにくい時には、6本に変えるなど、場合によっては本数を変えて下さい。

基本は、1番下の糸から模様を作りますが、糸が混み合い、結びかがりがしにくい時には、参考Aのように下から2番めの糸から模様を作り始めてもよいです。

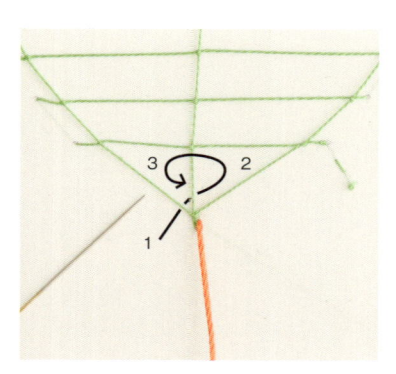

01 糸の下を通して1から2に針を出し、3から2へ針を出す。

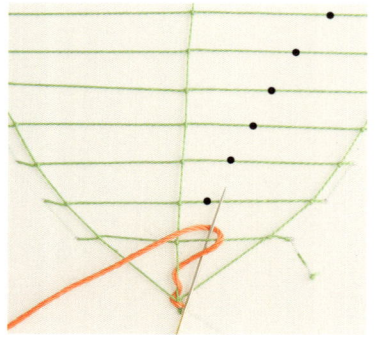

02 1本に1つずつ結びかがりをして、図案の通りに7コ結びかがりをする。

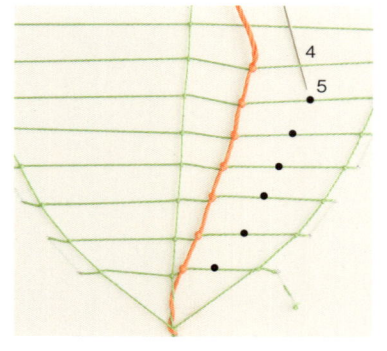

03 4から5へ糸の下に針を通してから、図案の通り1本に1つずつ6コ結びかがりをする。

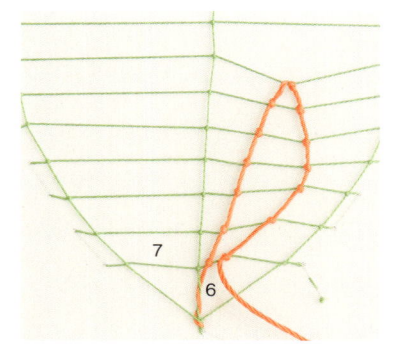

04 糸の下を通して6から7へ針を出す。

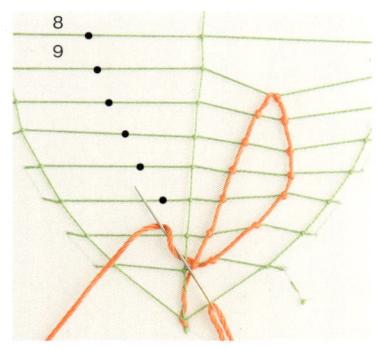

05 右側と同様に、図案の通りにまずは7コ結びかがりを作り、8から9へ糸の下を通して針を出す。

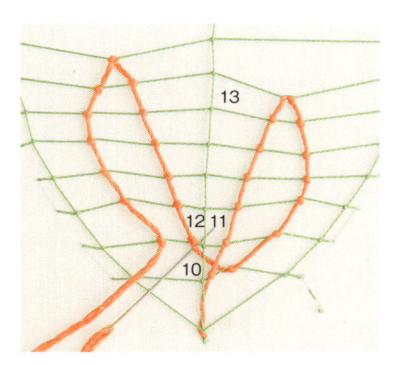

06 結びかがりを6コ作ったら、糸の下を通して10から11へ針を出し、次は12から13へ針を出す。

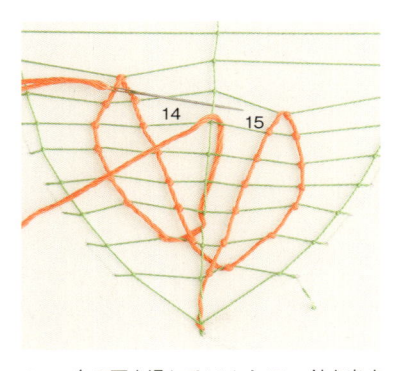

07 糸の下を通して14から15へ針を出す。15の真上かの糸から、プロセス2から7を繰り返す。

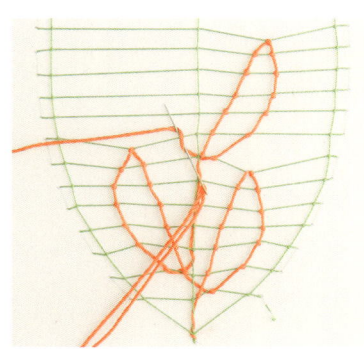

08 2セットめの模様の半分まで出来たところ。

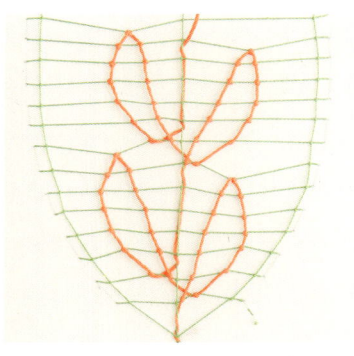

09 模様を2セット作り終えたところ。あと、2セット模様を繰り返し、合わせて4セット模様を作る。

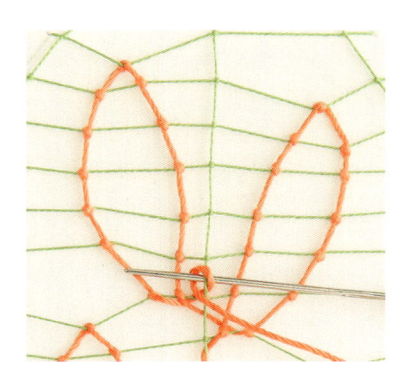

10 最後の模様を作ったら、中央の土台の糸に結びかがりをする。

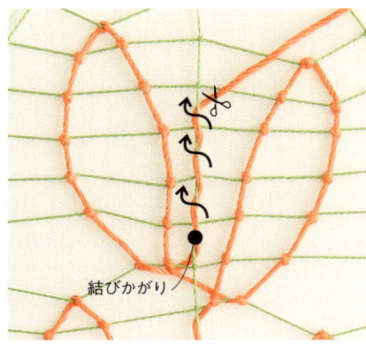

結びかがり

11 中央の土台の糸に数回絡ませてから糸を切る。

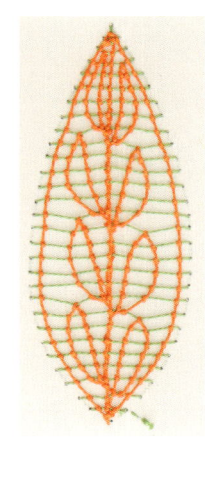

12 模様が出来たら、糊づけし、布から切り取る。(p.45を参照)

Cinta

ニャンドゥティのアクセサリー

テープモチーフ

テープのブレスレット

テープのニャンドゥティの両端にリボン留めをつければ、ブレスレットにすることが出来ます。お好みの模様と配色で作ってみて下さい。

how to make >> p.113
ニャンドゥティ図案 >> p.127, p.124

テープのバレッタ

リボンにニャンドゥティを縫いとめて作
るアイディアの一つ。リボンとニャンドゥ
ティの配色を考えて、模様がくっきりと
見えるニャンドゥティにしました。

how to make >> p.114
ニャンドゥティ図案 >> p.127, p.124

テープのチョーカー

長めに作ったニャンドゥティのテープの両端に紐をつけて、首元に結べ
ばチョーカーに。頭に巻き付ければカチュームとしても使えます。

how to make >> p.115
ニャンドゥティ図案 >> p.127, p.124

ニャンドゥティの模様は参考作品。
ニャンドゥティテープ a 〜 d の好
みの模様で作ってみて下さい。

ニャンドゥティの基本
テープモチーフの
作り方

ニャンドゥティで、テープ状のモチーフを作ることが出来ます。模様の図案は、様々なものを組み合わせることが出来ますが、ここでは、「ニャンドゥティテープa」という基本の模様の作り方を説明します。模様は繰り返しなので、好きな長さのテープを作ることが出来ます。作りたいテープのサイズが刺繍枠からはみ出す時には、刺繍枠をはめ直して動かしながら、制作して下さい。

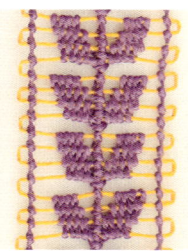

＊本ページとp.80の写真の左端のニャンドゥティテープaは裏側。
　右の写真は表側です。

1.土台の糸を張る

刺繍枠に張った布の上に、土台の糸の図案を写して、糸を張ります。
ここでは、12本の糸を縦に張りますが、本数や形、サイズが違うテープの場合でも手順は同じです。

土台の糸の図案

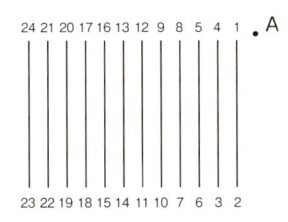

24 21 20 17 16 13 12 9 8 5 4 1 ・A

23 22 19 18 15 14 11 10 7 6 3 2

＊Aは、始点1から5mmほど離れたところであればどこでもよい。
＊説明用の図案です。ニャンドゥティテープaの実際の土台の糸の図案はp.127に掲載。

01 枠に張った布の上に土台の糸の図案を写す。(p.32~33を参照)

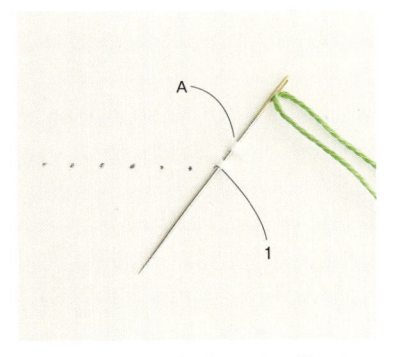

02 糸端に玉結びを作った糸を針に通し、Aから2、3目縫い進み、始点1に針を出す。

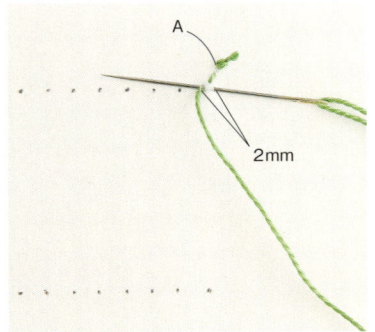

03 始点で布を2mmすくいながら、結びかがり (p.43) をする。

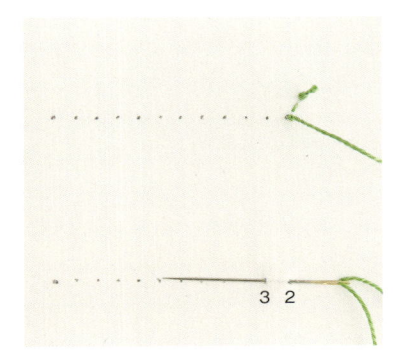

04 2から3に針を出す。

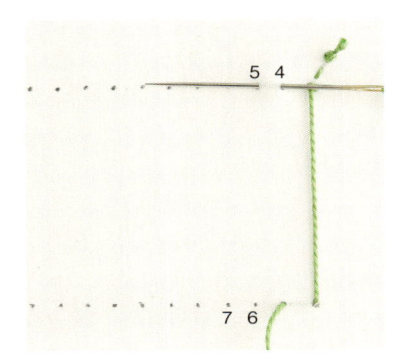

05 4から5に針を出し、その後も同様に数字の順に上下で針を出し入れして、糸が縦1列になるように縫い進む。

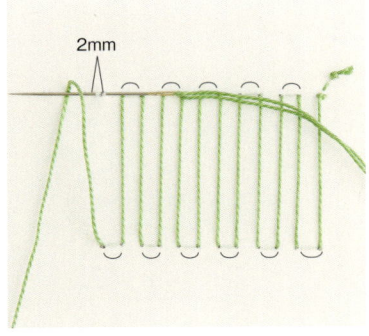

06 最後の角の24では布を2mmすくって、結びかがりをする。

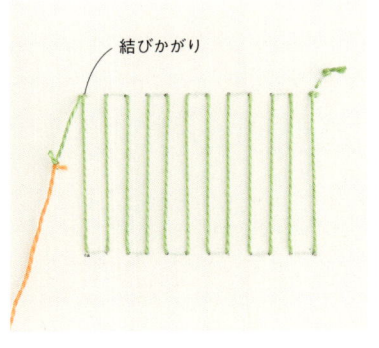

07 土台の糸の半分の位置で、模様の糸に替える。(p.37を参照)

2. 模様を作る

ニャンドゥティテープaの模様の作り方です。

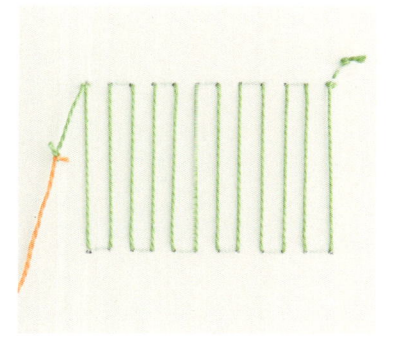

01 土台の糸の中央に、1本に1コずつ結びかがりする。

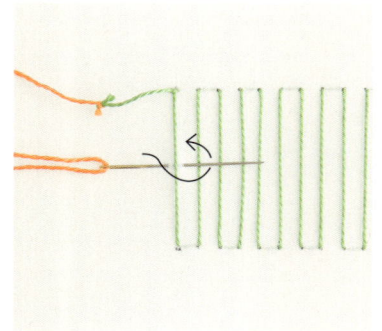

02 両端の糸の時だけ、布を2mmすくいながら結びかがりをする。

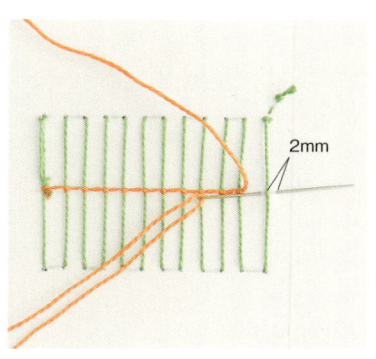

03 右端の糸でも、左と同様に布を2mmすくいながら結びかがりをする。

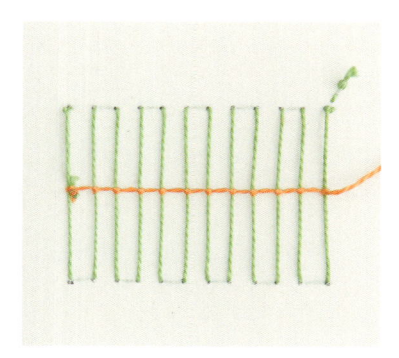

04 結びかがりの上下に織りかがり（p.42）で模様を作る。

上下のパートからなる1つの模様を3回繰り返します。模様の数が増える時も同じ手順です。糸の引き加減によって模様の形は変わるので、完成写真を参考に模様を作りましょう。

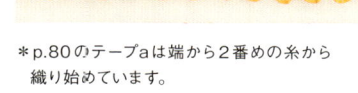

＊p.80のテープaは端から2番めの糸から織り始めています。

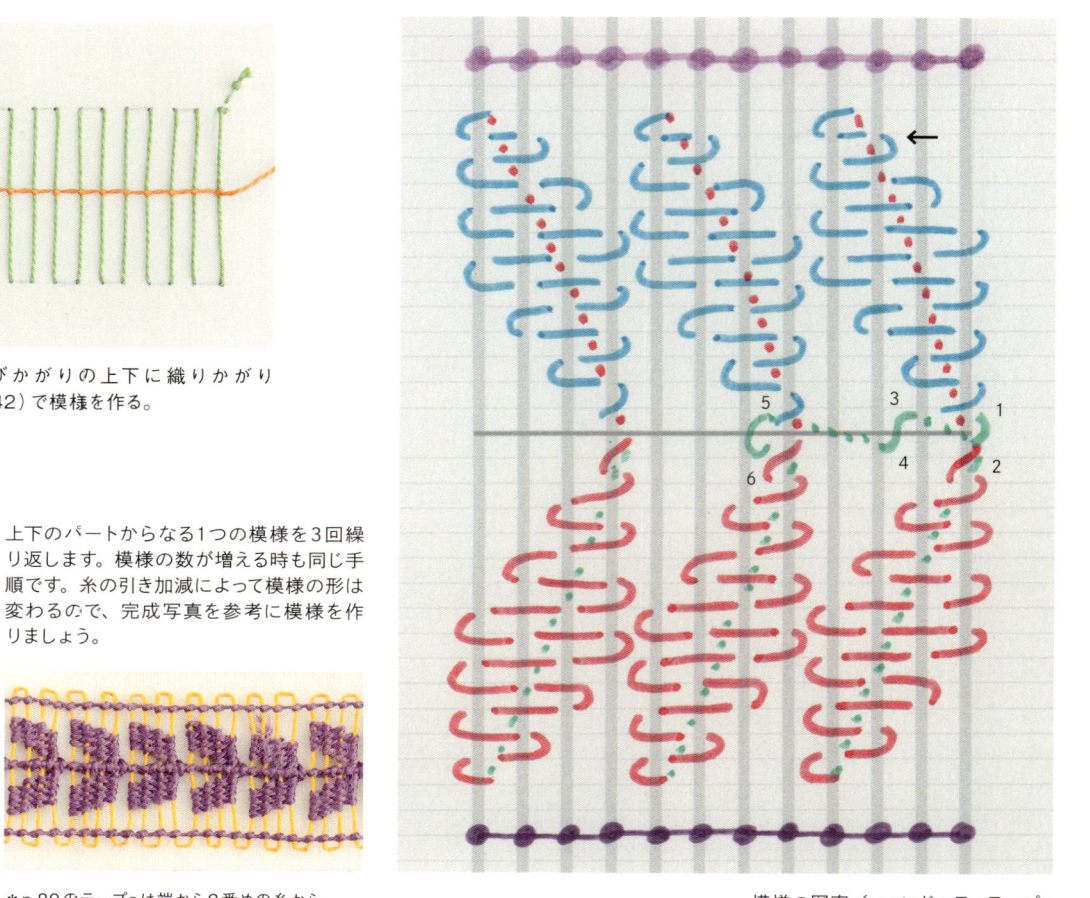

模様の図案／ニャンドゥティテープa

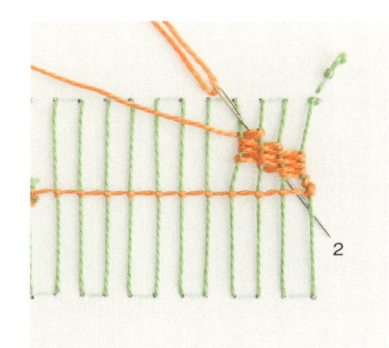

05 1模様の上半分の織りかがりが出来たら、2へ針を出す。

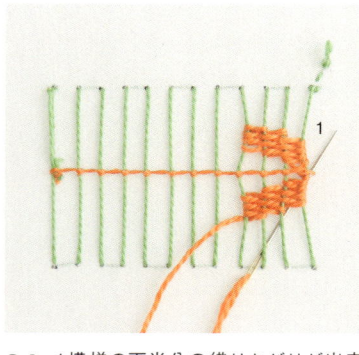

06 1模様の下半分の織りかがりが出来たら、1へ針を出す。

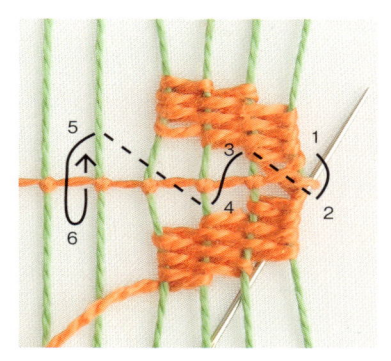

07 中央の糸に絡めるように、数字の順に針を進めてから、2コ目の模様を作る。

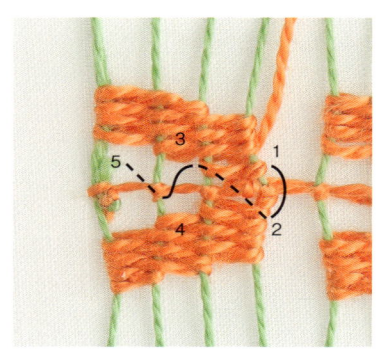

08 最後の模様の時だけ、上記の順に針を進めて、5へ針を出す。

09 6から中央の糸の下を通して7へ針を出す。

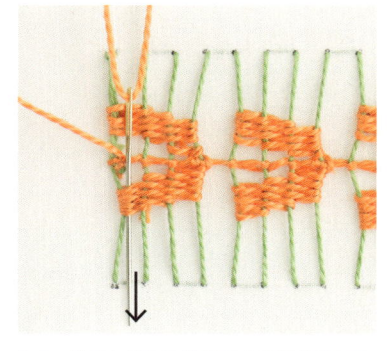

10 織りかがりの模様の中に針を通して、下へ針を出す。

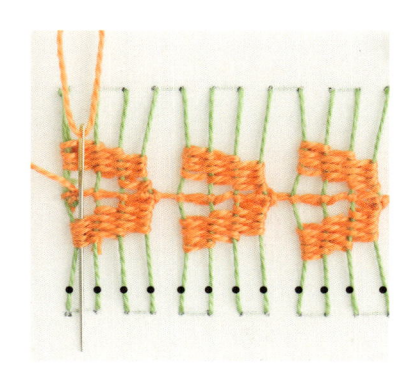

11 土台の糸の下側に1本に1コずつ結びかがりをする。

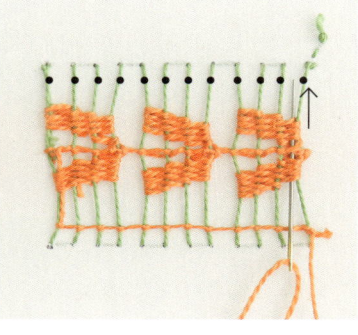

12 織りかがりの中に針を通して、針と糸を上へ出し、上側にも同様に結びかがりをする。

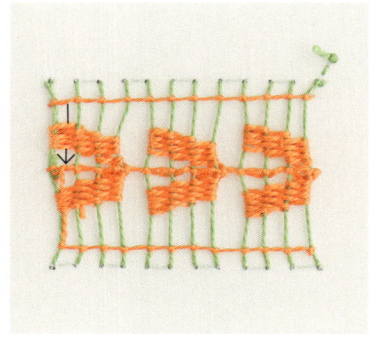

13 織りかがりの中に針を通して、糸を切る。糊づけして、布からモチーフを切り取る。（p.45を参照）

ファッションブランドが取り組む
ニャンドゥティの革新

写真提供：モレナトロ

　虎やドクロ、ハートなど、現代的なモチーフを表現したニャンドゥティ。ニャンドゥティの故郷であるパラグアイでも、こうした新しい姿を見ることは少ないなかで、「モレナトロ」というブランドは、オリジナリティ溢れるニャンドゥティを使った洋服やバッグを発表しています。

　デザイナーのキニオネス・グアダルペさんが、ニャンドゥティの仕事に初めて携わったのは2004年のこと。アルゼンチンのあるブランド用にテーブルクロスとアップリケを、ニャンドゥティとしては新しいデザインで実験的に作りました。そこでは、伝統的なものを作りたい思う職人は多いけれども、新しいデザインを作りたいと思う職人を探すことは難しかったと言います。古い職人に制作がゆだねられていること、そして、何よりも、職人の減少によってニャンドゥティが絶滅の危機にあることを知りました。この時の経験が、後に自身のブランドを作るコンセプトにつながっていきました。

　グアダルペさんは、パラグアイに生まれ、幼い頃から、母と祖母の影響で全てのハンドメイドに好奇心を持ち、自らの手でも、いろいろなものを作り出すようにな・りました。デザインの勉強を始めてから

は、自国の工芸品に惹かれるようになり、2009年に自身のブランドとなる「モレナトロ」をスタートします。ニャンドゥティをメインに取り入れたことは、ただ、それが美しいレースだから、母国の工芸品だからという理由だけではありません。「ニャンドゥティを絶滅の危機から救う」という社会的な責任をブランドの使命だと考えたからです。

　こうしたブランドの取り組みは、徐々に注目を集め、当初はパラグアイ国内の数店舗の一部での販売でしたが、2017年には、パラグアイの首都、アスンシオンに正式な店舗を開店することになりました。グアダルペさんは、常に、様々な糸、色の組み合わせを見つける実験を職人とともに、繰り返しています。職人たちと協力し、生み出される新しいニャンドゥティの表現が、それを身につける女性を輝かせるように、ニャンドゥティの未来にも光をあてています。

モレナトロ
https://www.morenatoro.com/
2009年からスタートしたファッションブランド。ニャンドゥティを取り入れた洋服やバッグを発表。2017年現在、日本での取り扱いはありません。

パラグアイと日本をつなぐ
ニャンドゥティのアクセサリー

　パラグアイの伝統工芸によるアクセサリーやバッグを販売するウェブショップ「Zinp」。銀細工のフィリグラーナのアクセサリーやニャンドゥティのアクセサリーや小物雑貨が並びます。ニャンドゥティは、ピアスやブレスレットの他にも、しおりやコースター、バッグなど、日本ではまだ珍しいニャンドゥティの商品を扱うこのウェブショップを運営するのは、望月佳世さん。日系2世としてパラグアイで生まれ、現在は日本を拠点に活動しています。ニャンドゥティは、パラグアイの職人が手がけていますが、デザイナーでもある望月さんが、ウェブショップの制作やニャンドゥティの商品のデザインなどを行っています。美しく見やすいサイトのデザインや、伝統的でありつつ今の感覚にフィットする色使いなど、ここにしかないニャンドゥティと出会うことができます。

　「ニャンドゥティの大きな魅力は、その色数の多さだと思います。1点1点違った色で作ることは機械では難しいこと。また、糸と糸の間隔や引き具合によって同じ柄でも作り手の個性が出ます。ニャンド

ゥティの美しさは、人の手でしか生み出せないものです」

　近年、経済成長中のパラグアイですが、まだまだ貧困の問題を抱えています。望月さんは、こうした社会問題に対して、少しでも手助けになればと、パラグアイにあるフェアトレードの団体を通じて、ニャンドゥティの制作を依頼しています。アクセサリーを主なアイテムに選んだのも、身につけたニャンドゥティを人々が目にとめることで、より多くの人にパラグアイのことを伝えたという考えもありました。

　パラグアイから届いた小さなニャンドゥティが、その作り手だけではなく、そこに暮らす人々や手仕事の文化など、たくさんの人たちや物事とつながっていることを気づかせてくれます。

Zinp（ジンプ）
パラグアイの工芸によるアクセサリーや小物雑貨を扱うウェブショップ。フェアトレードの現地支援の草分け的な存在。百貨店イベントへの出展やニャンドゥティのワークショップも開催している。
http://zinp.jp/

How to make

アクセサリー作り方

ニャンドゥティ

● 図案

どの作品も、まずはニャンドゥティのモチーフを作るところから始まります。ニャンドゥティを作るには、「土台の糸」と「模様」の2つの図案が必要です。土台の糸の図案はp.125〜127と、本の裏表紙の手前の見返しに実寸で掲載しています。ニャンドゥティの模様の図案は指定のページにあります。

● モチーフ作り方

作り方については各モチーフの作り方を見て下さい。円形モチーフの作り方に共通するテクニックが全て載っていますので、まずは円形モチーフの作品から作りましょう。

円形モチーフ　　　p.29〜48
扇形モチーフ　　　p.64〜67
リーフモチーフ　　p.74〜79
テープモチーフ　　p.86〜89

● 糸

ニャンドゥティのモチーフは、土台の糸と模様の糸の2種類で作られています。糸の初めに記載されているものが、土台の糸、2番めに記載されているものが、模様の糸です。

ニャンドゥティには、3種類の糸を使用しています。ラメ糸と25番糸については、商品名で記載しています。糸の後に続く数字はそれぞれの色番号です。8番刺繍糸に続く色番号は全てディー・エム・シーのものです。

8番刺繍糸「コットンパール」DMC
ラメ糸「にしきいと」コスモ
25番刺繍糸「シーズンズ」コスモ

● サイズ

ニャンドゥティは、作る人の手加減によって少しずつサイズが変わります。記載のサイズは目安として下さい。

アクセサリー金具の色

アクセサリー金具の色は、アルファベットで記載しています。どの色でもよい場合は、色の記載はしていません。

S　シルバー
G　ゴールド
AG　アンティークゴールド（金古美）

カン

Cカンと丸カンは、作品によって使い分けていますが代用可能です。

ニャンドゥティの使い方

カン（丸カン、Cカン）をつける

ニャンドゥティのモチーフに、丸カンまたはCカンをつけることで、様々なアクセサリー金具やパーツにつなげることが出来ます。カンは、一般的なアクセサリー作りでも最も基本になるもので、パーツとパーツをつなげる時に使います。金具の形が全体的に丸いものが丸カンで、細長いものがCカンです。基本的に同じ役割ですが、Cカンの方が細長い分、長さが出ます。作品によって、使い分けていますが、それぞれに代用可能です。

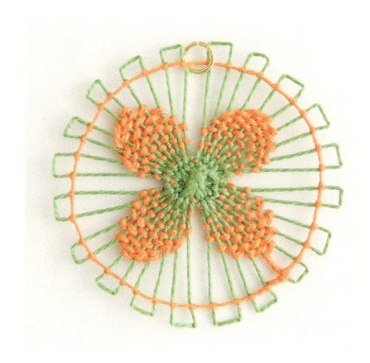 

モチーフの端であれば、カンを通す場所はどこでも構いません。
カンを付ける場所によって、模様の見え方が変わるモチーフもあります。

リボンに縫いつける

ニャンドゥティをリボンに縫いつけることで、アクセサリーのデザインの幅が広がります。ニャンドゥティと同系色の糸を使って、コーチングステッチの要領で、モチーフが動かない程度に、所々を縫いとめます。糸は、ミシン糸、手縫い糸など、ニャンドゥティの糸よりも細い糸で、綿の糸がおすすめです。

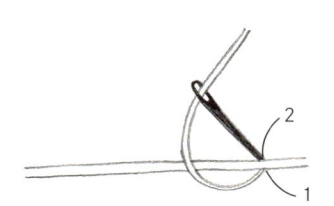

ニャンドゥティの糸の真横の1に針を出し、2に針を入れる。

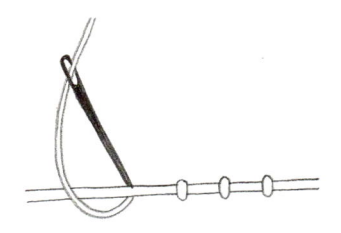

縫い目の間隔を適当にあけて、ニャンドゥティの糸を縫いとめていく。

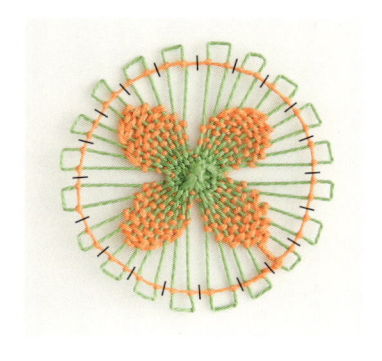

モチーフが動かなければよいので、モチーフの輪郭をコーチングステッチで縫い留めて下さい。

アクセサリーパーツの使い方

アクセサリー作りでよく登場するパーツの使い方です。基本の工具は、3種類。
作品によっては、使用しないものもあります。レシピを確認して下さい。

平ヤットコ
丸カンやCカンを開閉する時に使う。

丸ヤットコ
9ピンの先を丸める時に使う。

ニッパー
9ピンやワイヤーをカットする時に使う。

丸カン、Cカン
平ヤットコ2本を両手に持ち、両方でカンを挟みます。
前後にずらすように開きます。閉じる時も同じ。

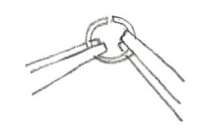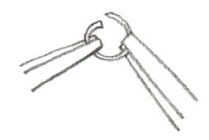

9ピン

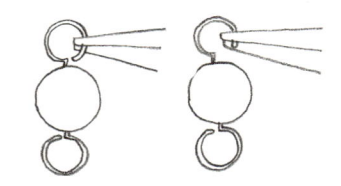

ビーズに9ピンを通して、根元から90度に曲げて、7〜8mmの長さに切ります。丸ヤットコの先でピンをはさみ、輪に曲げます。

開く時は、ヤットコで丸めたピン先を前後にひねります。

石座

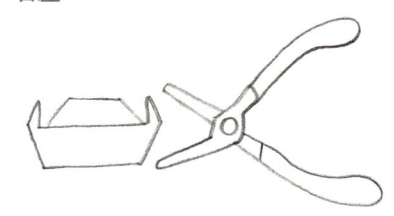

平ヤットコを使って、石座の爪を内側に倒すように曲げ、ストーンをしっかり留めます。

リボン留め

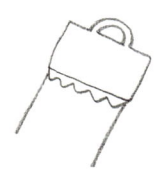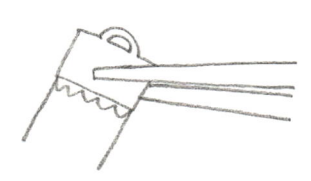

金具からはみ出さないように、リボンを金具の中に配置します。

平ヤットコで金具をはさみ、金具の口が閉じるまで押さえます。

p.13　シンプルアクセサリー

ニャンドゥティ図案 ▶ p.125, p.126, p.118, p.121

ニャンドゥティ

ニャンドゥティ円形 a、b、c
図案：p.125（土台の糸）、p.118（模様）
サイズ：直径 3.5cm
糸：8 番刺繍糸（色は適宜）

ニャンドゥティ扇形 a、b
図案：p.126（土台の糸）、p.121（模様）
サイズ：3.7cm × 2.8cm
糸：8 番刺繍糸（色は適宜）

ネックレス

ネックレスとして使いたい時は、カンをモチーフの端に1つ付け、紐やリボン、チェーンを通します。アジャスター付きのチェーンネックレスを使えば、簡単に作ること出来ます。

カンの使い方は p.94 を参照。

材料と道具

ニャンドゥティのモチーフ　1コ
（円形 a、b、c、扇形 a、b）
ネックレス（チェーンのものやリボンなど）
丸カンまたは C カン　1コ
（使用するチェーンやリボンが通せる
大きさのもの）
平ヤットコ　2 本

ピアスとイヤリング

市販のアクセサリー金具には様々な種類があります。好みのピアス（イヤリング）金具を使って下さい。フープ状のイヤリングやピアスであれば、カン（丸カン、または C カン）をつけずに、直接、モチーフに通して使うことが出来ます。カン付きのピアスやイヤリング金具には、モチーフと金具をカンでつないで下さい。

材料と道具

ニャンドゥティのモチーフ　2 コ
（円形 a、b、c、扇形 a、b）
ピアスまたはイヤリング金具
＊金具によって、丸カン、C カン
平ヤットコ 2 本を使用する

p.15　ボリュームネックレス

ニャンドゥティ図案 ▶ p.125, p.118

材料
ニャンドゥティ円形 a、b、c　計 7 コ
ワイヤーネックレス（G）　33cm
ゴールドビーズ　5mm　40 コ
丸カン　0.7 × 3.5mm（G）　7 コ
接着剤
平ヤットコ　2 丁

ニャンドゥティ
ニャンドゥティ円形 a、b、c
図案：p.125（土台の糸）、p.118（模様）
サイズ：直径 3.5cm
糸：8 番刺繍糸（色は適宜）

作り方
1. ニャンドゥティ円形 a、b、c を計 7 コ作る。
2. 全てのニャンドゥティ円形モチーフに 1 コずつ丸カンをつける。
   カンの使い方は p.94 を参照。
3. ワイヤーネックレスに、ビーズ 5 コを通し、次に円形モチーフにつけた丸カンをワイヤーに通す。これを繰り返す。
4. ワイヤーネックレスの両端に付属のメタルビーズを接着剤でつける。

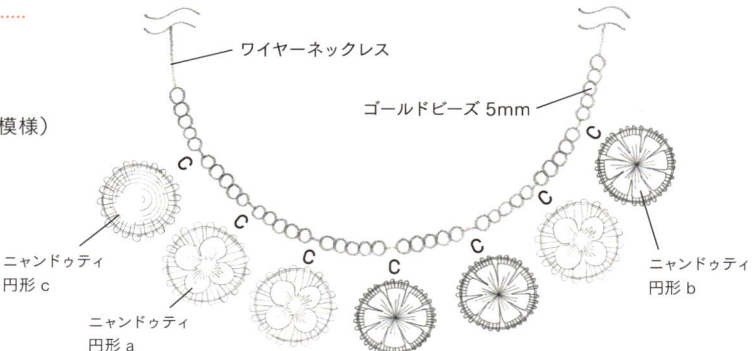

ワイヤーネックレス
ゴールドビーズ 5mm
ニャンドゥティ円形 c
ニャンドゥティ円形 a
ニャンドゥティ円形 b

---

p.17　リボンの帽子飾り

ニャンドゥティ図案 ▶ p.125, p.118

材料
ニャンドゥティ円形 a、b、c　計約 19 コ
グログランリボン　10mm 巾　約 63cm
糸、針、はさみ

ニャンドゥティ
ニャンドゥティ円形 a、b、c
図案：p.125（土台の糸）、p.118（模様）
サイズ：直径 3.5cm
糸：8 番刺繍糸（色は適宜）

作り方
1. ニャンドゥティ円形 a、b、c を作る。個数は帽子に合わせる。
2. ニャンドゥティをグログランリボンに縫いつける。（A）縫い方は p.93 を参照。
3. 帽子に配置して、帽子とリボンを所々、縫いとめる。（B）

A

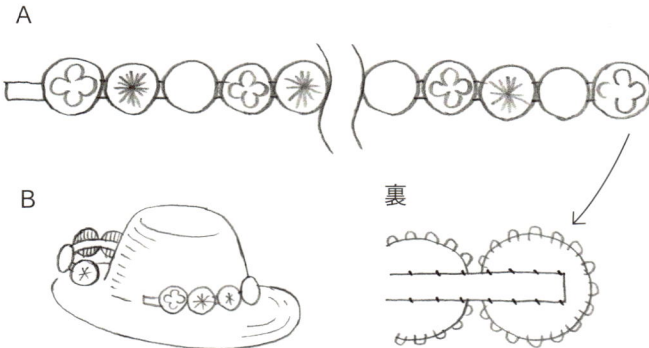

B

裏

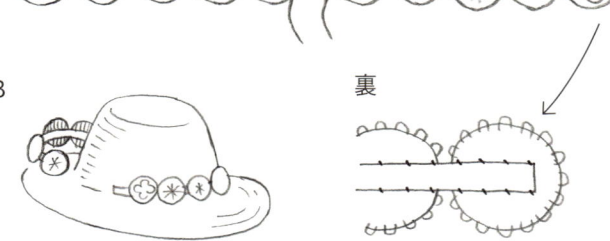

p.19 リボンのベルト

ニャンドゥティ図案 ▶ p.125, p.118

材料

ニャンドゥティ円形 a　11 コ
ニャンドゥティ円形 c　10 コ
グログランリボン　40mm 巾　81cm　2 本
グログランリボン　10mm 巾　50cm　2 本
針、糸、はさみ

作り方

1. ニャンドゥティ円形 a を 11 コ、円形 c を 10 コ作る。
2. ニャンドゥティを 40mm 巾のリボンに縫いつける。両端は 2.2cm ずつ空け、モチーフ同士の間は約 2mm 空ける。（A）
3. リボンの両端を 1.5cm 折り、それぞれの端に 10mm 巾のリボンを縫いとめる。（B）
   縫い方は p.93 を参照。
4. 40mm 巾のもう 1 本のリボンの両端を折り、2 本のリボンの裏同士を合わせて縫い合わせる。（C）

ニャンドゥティ

ニャンドゥティ円形 a
図案：p.125（土台の糸）、p.118（模様）
サイズ：直径 3.5cm
糸：8 番刺繍糸　823（紺）× ECRU（白）

ニャンドゥティ円形 c
図案：p.125（土台の糸）、p.118（模様）
サイズ：直径 3.5cm
糸：8 番刺繍糸
ECRU（白）× 823（紺）　5 コ
823（紺）× ECRU（白）　5 コ

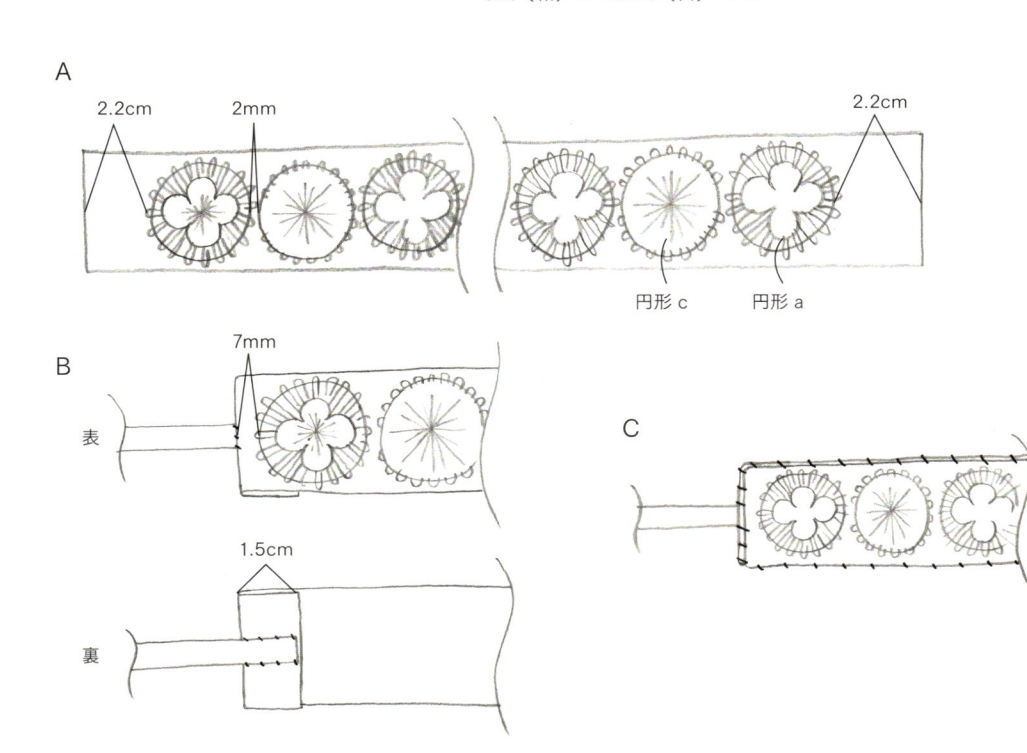

A
2.2cm　2mm　2.2cm
円形 c　円形 a

B
7mm
表
1.5cm
裏

C

p.20　ミックスブローチ

ニャンドゥティ図案 ▶ p.125, p.118, p.119

材料

①、②
ニャンドゥティ円形 a、b、c　計 5 コ
③
ニャンドゥティ円形 e　5 コ
共通
シャワーブローチ　15mm　1 コ
テグス 2 号、針、はさみ
平ヤットコ　1 本

作り方

1. ニャンドゥティ円形を 5 コ作る。
2. ニャンドゥティをバランスよく配置し、重なる部分をテグスを針に通して縫いとめる。（A）
3. 2 をシャワー台（穴の空いたパーツ）にテグスで縫いとめる。縫い始めのテグスの端を長めに残しておき、縫い終わりの端と固結びする。（B）
4. シャワー金具土台の爪を平ヤットコで倒して、シャワー台に留め付ける。（C）

ニャンドゥティ

ニャンドゥティ円形 a、b、c
図案：p.125（土台の糸）、p.118（模様）
サイズ：直径 3.5cm
糸：8 番刺繍糸（色は適宜）

ニャンドゥティ円形 e
図案：p.125（土台の糸）、p.119（模様）
サイズ：直径 3.5cm
糸：8 番刺繍糸　444（黄色）× BLANC（白）

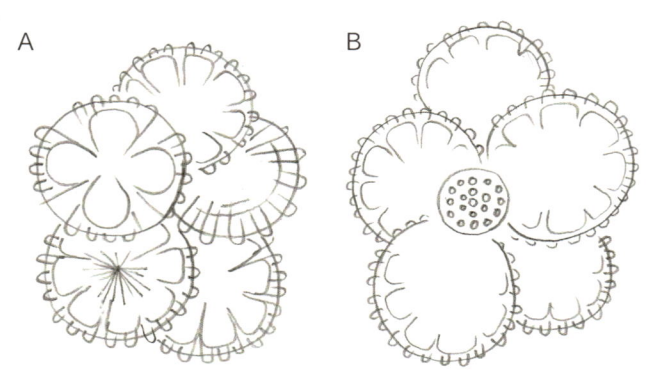

A

B

C

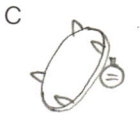

シャワー金具土台

p.21 くるみブローチ

ニャンドゥティ図案 ▶ p.125, p.119

材料

ニャドゥティ円形 f　1コ
つつみボタン　50mm　1コ
フェルト　4×4cm
ブローチピン　1コ
針、糸、はさみ

ニャンドゥティ

ニャンドゥティ円形 f
図案:p.125（土台の糸）、p.119（模様）
サイズ：直径 5cm
糸：8 番刺繍糸
① 608（オレンジ）× 995（青）
② 823（紺）× 823（紺）
③ B5200（白）× 606（赤）

作り方

1. ニャンドゥティ円形 f を 1 コ作る。土台の布から取り外さず、そのまま使用するので、好みのプリントや色の生地を使う。
2. ニャンドゥティを中央にして、布を直径 9cm の円形に切り取る。（A）
3. 図のように並縫いし、縫い終わりは針を布の表側に出す。（B）
4. 中央につつみボタンを置いてから（C）、糸を引き絞り、玉どめする。（D）
5. フェルトを直径 4cm の円形に切り取り、ブローチピンを縫いつける。（E）
6. 円形のフェルトを本体の裏側に置いて、縫い合わせる。（F）

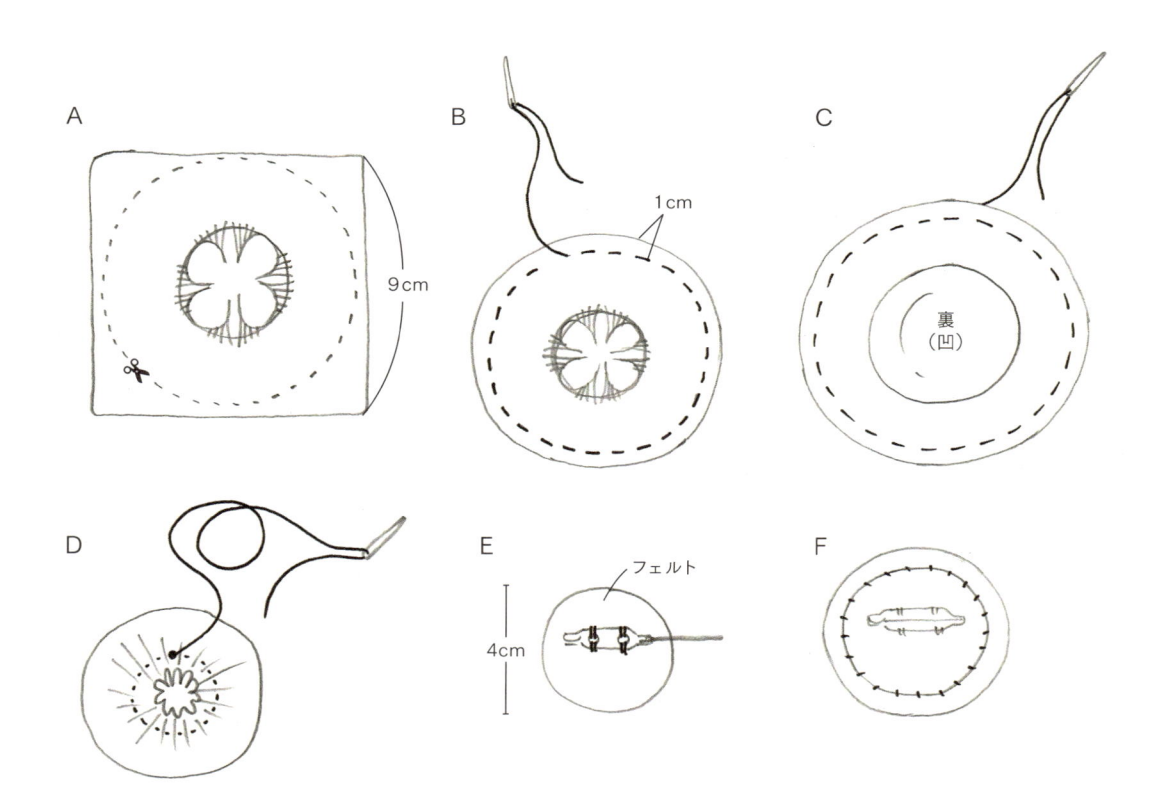

A

9cm

B

1cm

C

裏
（凹）

D

E

フェルト

4cm

F

p.22 コットンパールのネックレスとブレスレット

ニャンドゥティ図案 ▶ p.125, p.118

材料と道具

ブレスレット

ニャンドゥティ円形 a　2 コ

ニャンドゥティ円形 c　2 コ

コットンパール　12mm　3 コ

9 ピン　0.6 × 20mm（G）3 本

C カン　0.7 × 3.5 × 4.5mm（G）8 コ

カニカン・アジャスター（G）1 セット

ネックレス

ニャンドゥティ円形 a　3 コ

ニャンドゥティ円形 c　2 コ

コットンパール　8mm　14 コ

コットンパール　12mm　4 コ

9 ピン　0.6 × 20mm（G）14 本

9 ピン　0.6 × 20mm（G）4 本

C カン　0.7 × 3.5 × 4.5mm（G）12 コ

リボン留め　10mm 巾（G）2 コ

ベルベットリボン　10mm 巾 白 50cm を 2 本

共通

平ヤットコ　2 本　／　丸ヤットコ　1 本

ニッパー

作り方

ブレスレット

1. ニャンドゥティ円形 a、c をそれぞれ 2 コずつ作る。

2. コットンパールと 9 ピンでパーツを作る。（A）

　9 ピンの使い方は p.94 を参照。

3. 全てのパーツを C カンでつなげる。（B）

　カンの使い方は P.94 を参照。

ネックレス

1. ニャンドゥティ円形 a を 3 コ、円形 b を 2 コ作る。

2. コットンパール 8mm を 9 ピンで 7 コつなげる。
　同じものをもう 1 本作る。（A）

3. コットンパール 12mm と 9 ピンでパーツを作る。
　（A）

4. リボンの端にリボン留めをつける。p.94 を参照。

5. 全てのパーツを C カンでつなげる。（C）

ニャンドゥティ

ニャンドゥティ円形 a

図案：p.125（土台の糸）、
　　　p.118（模様）

サイズ：直径 3.5cm

糸：8 番刺繍糸　842（ベージュ）
　　× BLANC（白）

ニャンドゥティ円形 c

図案：p.125（土台の糸）、
　　　p.118（模様の糸）

サイズ：直径 3.5cm

糸：8 番刺繍糸　842（ベージュ）
　　× BLANC（白）

A　9 ピン

B　C　カニカン

ニャンドゥティ円形 c

ニャンドゥティ円形 a

コットンパール 12mm

アジャスター

ベルベットリボン

リボン留め

コットンパール 8mm

ニャンドゥティ円形 a

コットンパール 12mm

ニャンドゥティ円形 c

p.23 アクリルビーズのネックレスとブレスレット

ニャンドゥティ図案 ▶ p.125, p.118

材料と道具

ブレスレット

ニャンドゥティ円形d　8コ
Cカン　0.7×3.5×4.5mm　9コ
マグネットクラスプ　1セット

ネックレス

ニャンドゥティ円形d　10コ
アクリルビーズ　12mm　11コ
アクリルビーズ　10mm　13コ
9ピン　0.7×20mm　24本
Cカン　0.7×3.5×4.5mm　11コ
マグネットクラスプ　1セット

共通

平ヤットコ　2本　／　丸ヤットコ　1本
ニッパー

作り方

ブレスレット

1. ニャンドゥティ円形dを8コ作る。
2. 全てのパーツとニャンドゥティをCカンでつなげる。（B）カンの使い方はp.94を参照。

ネックレス

1. ニャンドゥティ円形dを10コ作る。
2. 11コのアクリルビーズ（12mm）を9ピンでパーツ化しながらつなげていく。（A）9ピンの使い方はp.94を参照。
3. ビーズの一番端には、マグネットクラスプの1コをつなげる。
4. 13コのアクリルビーズ（10mm）を9ピンでパーツ化しながらつなげていく。（A）ビーズの一番端には、マグネットクラスプの1コをつなげる。
5. ニャンドゥティ円形dをCカンで全てつなげる。（C）
6. 全てのパーツとニャンドゥティをCカンでつなげる。（C）

ニャンドゥティ

ニャンドゥティ円形d

図案：p.125（土台の糸）p.119（模様の糸）
サイズ：直径2cm
糸：8番刺繍糸955（グリーン）
　　× コスモにしきいと23（銀）

p.24　赤い花のアクセサリー（ピアス、リング、バレッタ）

ニャンドゥティ図案 ▶ p.125, p.120

ニャンドゥティ

ニャンドゥティ花大
図案：p.125（土台の糸）、p.120（模様）
サイズ：直径 3.5cm
糸：8 番刺繍糸　666（赤）× 666

ニャンドゥティ花中
図案：p.125（土台の糸）、p.120（模様）
サイズ：直径 3.2cm
糸：8 番刺繍糸　817（赤）× 817

ニャンドゥティ花小
図案：p.125（土台の糸）、p.120（模様）
サイズ：直径 2.7cm
糸：8 番刺繍糸
　　ECRU（白）× 347（赤）

材料と道具

ピアス

①
ニャンドゥティ花中　2 コ
スワロフスキー　#1088/ss39（LT. シャム）　2 コ
石座　#1088/ss39（G）2 コ
ピアス丸皿　6mm（G）1 ペア

②
ニャンドゥティ花小　2 コ
スワロフスキー　#1088/ss29（LT. シャム）　2 コ
石座　#1088/ss29（G）2 コ
ピアス丸皿　4mm（G）1 ペア

共通
平ヤットコ 1 本、針

③ **リング**
ニャンドゥティ花大　1 コ
スワロフスキー　#4461/4470
（CRY. アストラルピンク）　10mm　1 コ
石座　#4461/4470（G）1 コ
メタルリーフ　約 18mm（G）2 コ
リング台 / 貼付け用　8mm（G）1 コ
平ヤットコ　1 本
糸、針、はさみ
接着剤

作り方

ピアス
1. ニャンドゥティ花中または花小を 2 コ作る。
2. 石座にピアス丸皿を通す。（A）
3. ピアス丸皿を通した石座にスワロフスキーをはめる。（B）
4. ニャンドゥティ花の中心に針で穴をあけ（C）、ピアスを通す。（D）

リング
1. ニャンドゥティ花大を 1 コ作る。
2. 石座にはめたスワロフスキーをニャンドゥティ花大の中央に針と糸で縫いつける。（A）
3. メタルリーフをニャンドゥティ花大の裏に糸で縫いつける。（B）
4. リング台とニャンドゥティ花大を接着剤でつける。接着剤は、隙間をうめるように、たっぷりと使う。

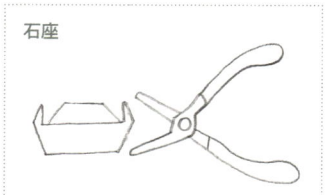

石座

平ヤットコを使って、石座の爪を内側に倒すように曲げ、ストーンをしっかり留めます。

材料と道具

④ バレッタ

ニャンドゥティ　花大 1 コ、花中 1 コ、花小 1 コ

スワロフスキー　#4461/4470

（CRY. アストラルピンク）　1 コ

スワロフスキー　#1088/ss39（LT. シャム）　1 コ

スワロフスキー　#1088/ss29（LT. シャム）　1 コ

石座　#4461/4470（G）　1 コ

石座　#1088/ss39（G）　1 コ

石座　#1088/ss29（G）　1 コ

メタルリーフ　約 18mm（G）　4 コ

バレッタ　約 8cm（G）　1 コ

テグス 2 号　約 1m

糸、針、はさみ

平ヤットコ　1 本

作り方

バレッタ

1. ニャンドゥティ花大 1 コ、花中 1 コ、花小1コを作る。

2. 石座にはめたスワロフスキーをニャンドゥティの中央に縫いつける。（A）

3. メタルリーフを 2 枚ずつテグスで固定する。（B）テグスの端を長めに残しておき、最後にもう一方の端と固結びする。

4. 花大をバレッタの中央に置き、テグスの真ん中で花とバレッタ金具を巻き付け固定し、バレッタ裏で固結びする。（C）

5. 4 で固結びしたテグスの一方を使って、花中、メタルリーフの順に同様に留めつけ、中心に巻き戻り、中央にあるもう一方のテグスと固結びする。（D）

6. 左側も同様に、テグスで花小、メタルリーフの順にバレッタに留めつけ、中心まで巻き戻り、固結びする。余分なテグスはカットする。（E）

ピアス

A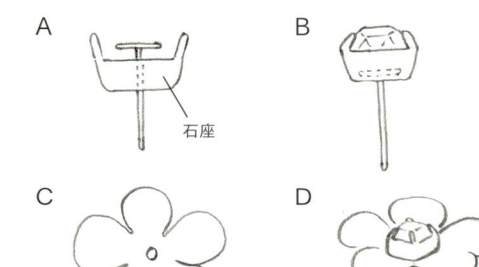

石座

B

C

D

リング

A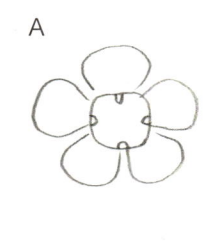

B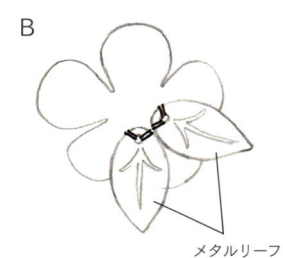

メタルリーフ

バレッタ

A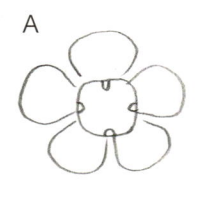

B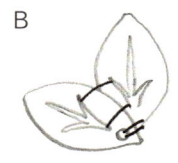

C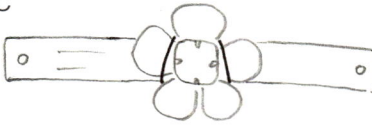

D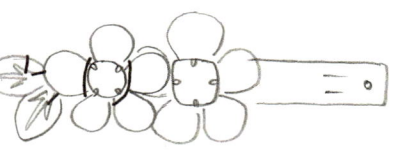

E

p.26　紫の花のコサージュ

ニャンドゥティ図案 ▶ p.125, p.120

ニャンドゥティ

ニャンドゥティ花中

図案：p.125（土台の糸）、p.120（模様）

サイズ：直径 3.2cm

糸：8 番刺繍糸　3042（紫）× 3042

ニャンドゥティ花小

図案：p.125（土台の糸）、p.120（模様）

サイズ：直径 2.7cm

糸：8 番刺繍糸　3743（紫）× 3743

① あじさい風コサージュ

材料と道具

ニャンドゥティ花中　4 コ

ニャンドゥティ花小　2 コ

アートフラワー　直径 4 〜 5cm のもの　4 枚

（花芯をとった花びらのみを使用）

ウッドビーズ　6mm　6 コ

クリップ付きブローチ台　皿直径 33mm　1 コ

糸、針、はさみ

接着剤

作り方

1. ニャンドゥティ花中 4 コ、花小 2 コを作る。
2. すべてのニャンドゥティの中央にウッドビーズを糸で縫いつける。（A）
3. アートフラワーを直径約 6cm の円になるように配置して、花びら同士を接着剤で貼りつけ、全てをつなぐ。（B）
4. ブローチ台に接着剤で 3 のアートフラワーをつける。
5. アートフラワーの上にニャンドゥティの花を接着剤でバランスよく貼りつける。（C）

A

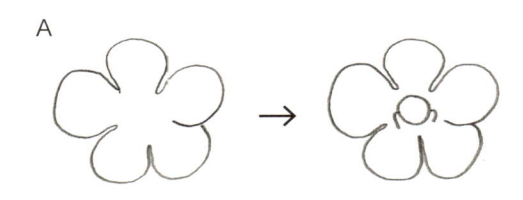

B

6cm

C

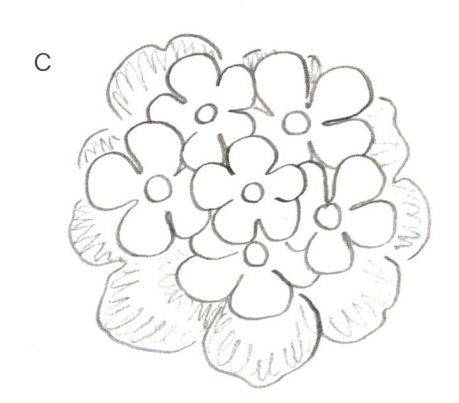

② すみれ風コサージュ

材料と道具

ニャンドゥティ花中　1コ
ニャンドゥティ花小　2コ
アートフラワー葉　約25mm　2コ
アートフラワー実　3コ
ウッドビーズ　6mm　3コ
リボン　3mm巾　約40cm
ワイヤー　約40cm　8本
フローラルテープ　グリーン
糸、針、接着剤
ブローチピン
ニッパー

作り方

1. ニャンドゥティ花中1コ、花小2コを作る。
2. ニャンドゥティ花の中央に針で2カ所、穴を開ける。（A）
3. 2で開けた穴に、ワイヤーとウッドビーズを通して、フローラルテープを巻く。（B）
4. アートフラワーの葉と実にも、それぞれワイヤーを通して、フローラルテープで巻く。（C）
5. 3、4で作った8コのパーツをバランスよくまとめ、花から少し下の位置をワイヤーで全体を束ねる。（D）
6. 巻き付けたワイヤーを隠すようにリボンを結び、ほどけないように結び目に接着剤をつける。
7. リボンの裏側に、ブローチ金具を縫いつける。
8. 茎の形を整えて、茎の長さを切りそろえる。

A

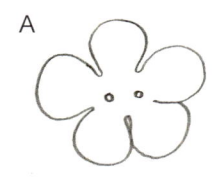

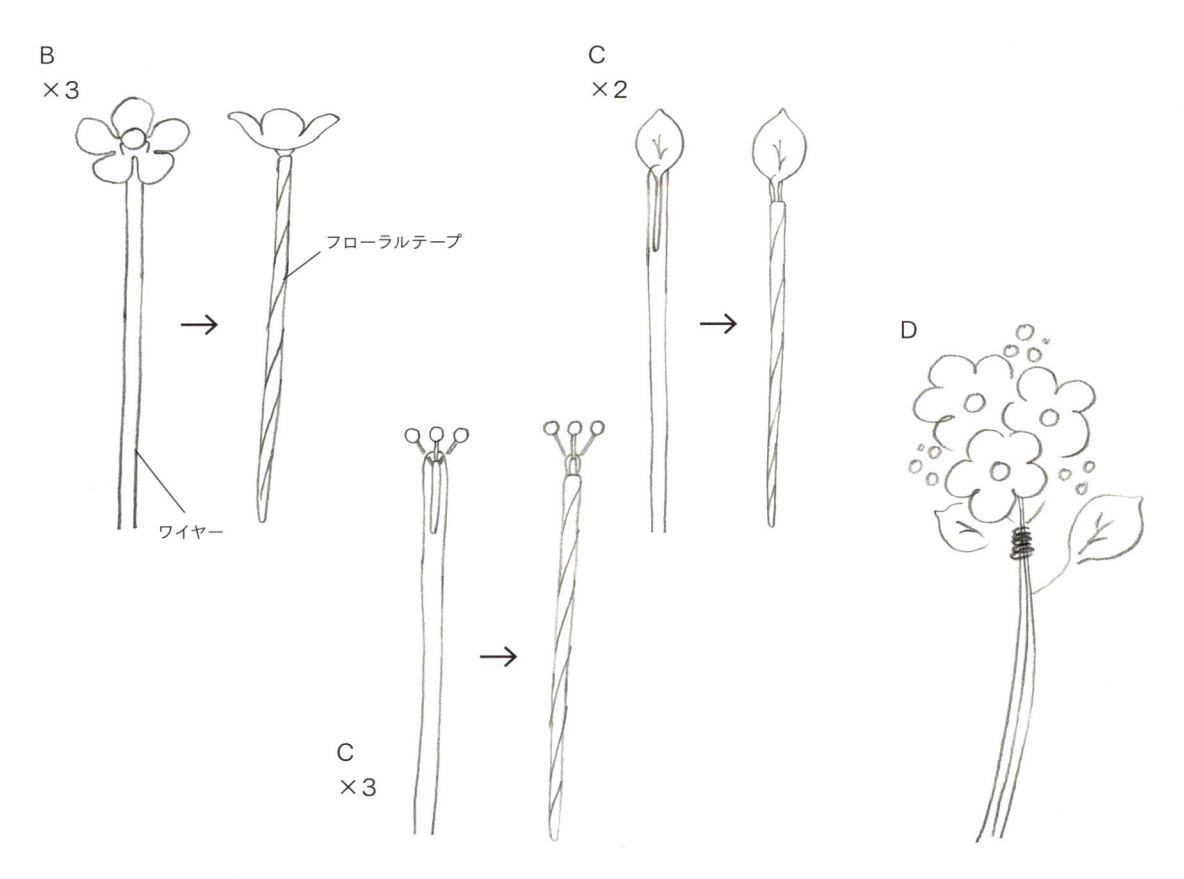

B
×3

フローラルテープ

ワイヤー

C
×3

C
×2

D

p.61　ラメ糸の扇形ピアス

ニャンドゥティ図案 ▶ p.126, p.121

材料
ニャンドゥティ扇形 c　2 コ
ピアス（イヤリング）金具　1 ペア
＊必要があれば C カンや丸カンと平ヤットコ

作り方
1. ニャンドゥティ扇形 c を 2 コ作る。
2. お好みのピアス（イヤリング）金具をつける。

ニャンドゥティ
ニャンドゥティ扇形 c
図案：p.126（土台の糸）、p.121（模様）
サイズ：3.2cm × 4cm
糸：①コスモにしきいと 21（金）× 21
　　②コスモにしきいと 23（銀）× 23

p.62　ビーズの扇形ピアス

ニャンドゥティ図案 ▶ p.126, p.122

材料
ニャンドゥティ扇形 d　2 コ
ピアス（イヤリング）金具　1 ペア
＊必要があれば C カンや丸カン、平ヤットコ

作り方
1. p.67 の方法でビーズを通しながら、ニャンドゥティ扇形 d を
　 2 つ作る。
2. お好みのピアス（イヤリング）金具をニャンドゥティにつける。

ニャンドゥティ
ニャンドゥティ扇形 d
図案：p.126（土台の糸）、p.122（模様）
サイズ：3.5cm × 4.3cm
糸：8 番刺繍糸
① 225（ピンク）× 225
② BLANC（白）× BLANC
③ 927（うす緑）× 927
竹ビーズ　6mm　1 モチーフに 20 コ使用
＊竹ビーズの色は糸の色に合うものを好みで。

p.63 タッセル風ラリエット

ニャンドゥティ図案 ▶ p.126, p.121

材料

ニャンドゥティ扇形 e　2 コ
ビーズ特大　5.5mm　適宜
丸カン　1×5mm　2 コ
革ひも　3mm 巾　90cm
糸、針、はさみ
平ヤットコ　2 本

作り方

1. ニャンドゥティ扇形 e を 2 コ作る。コスモシーズンズ（25 番刺繍糸）は 2 本取りで使う。ニャンドゥティのモチーフを糊づけして乾かす時に、扇形が円錐の形になるように、端をクリップなどで仮止めしておく。
2. ニャンドゥティの頂点に丸カンをつけ、そこに革ひもを通して、図のように折り返したところを糸で結びとめる。（A）
3. 革ひもに全てのビーズを通す。
4. 1 で縫いとめた所を隠すように半分のビーズを端まで下げる。（B）
5. もう一方の端も同様に作る。

ニャンドゥティ

ニャンドゥティ扇形 e
図案：p.126（土台の糸）、p.121（模様）
サイズ：5.2cm × 6cm
糸：
① 8 番刺繍糸　414（グレー）× コスモシーズンズ　5036
② 8 番刺繍糸　310（黒）× コスモシーズンズ　5038

丸カン、C カン

平ヤットコ 2 本を両手に持ち、両方でカンを挟みます。前後にずらすように開きます。閉じる時も同じ。

A

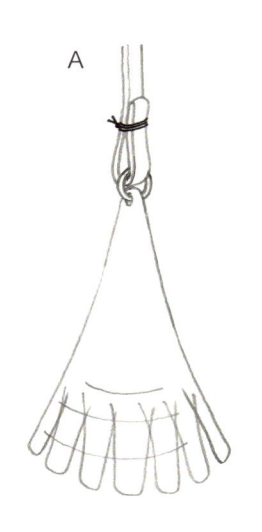

B

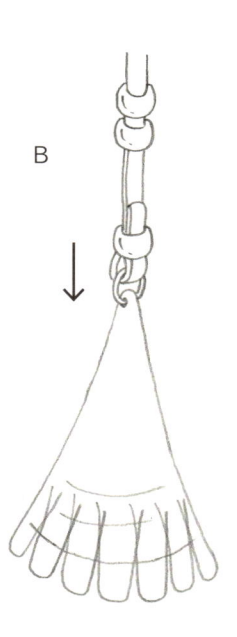

p.69 リーフのロングネックレス

ニャンドゥティ図案 ▶ p.126, 122

材料と道具

ニャンドゥティリーフ a　16 コ
丸カン　0.7 × 3.5mm（S）32 コ
平ヤットコ　2 本

作り方

1. ニャンドゥティリーフ a を 16 コ作る。
2. 丸カンでニャンドゥティを全てつなげる。リーフとリーフの間は丸カン 2 コ。（A）

ニャンドゥティ

ニャンドゥティリーフ a
図案：p.126（土台の糸）p.122（模様の糸）
サイズ：2.3cm × 5.5cm
糸：8 番刺繍糸
550（紫）× BLANC（白）　4 コ
606（オレンジ）× BLANC　3 コ
444（黄色）× BLANC　4 コ
959（グリーン）× BLANC　5 コ

丸カン、Cカン

平ヤットコ 2 本を両手に持ち、両方でカンを挟みます。前後にずらすように開きます。閉じる時も同じ。

p.72　木の実とリーフのコーム

ニャンドゥティ図案 ▶ p.126, p,122

材料と道具

ニャンドゥティリーフ b　1コ
ニャンドゥティリーフ c　1コ
ウッドビーズ　12mm　3コ
丸大ビーズ　3コ
座金　約11mm（AG）3コ
ヘアコーム　横幅約60mm（AG）1コ
ワイヤー　約50cm（AG）
糸、針
ニッパー　1本

ニャンドゥティ
ニャンドゥティリーフ b
図案：p.126（土台の糸）p.122（模様の糸）
サイズ：2.3cm × 5.5cm
糸：8番刺繍糸 347（赤）× 352（肌色）

ニャンドゥティリーフ c
図案：p.126（土台の糸）p.122（模様の糸）
サイズ：2.7cm × 8.2cm
糸：8番刺繍糸 347（赤）× 352（肌色）

作り方

1. ニャンドゥティリーフ b を1コ、リーフ c を1コ作る。
2. ニャンドゥティリーフ b とリーフ c を糸で縫い留める。（A）
3. コームの右側からワイヤーでニャンドゥティとコームを巻きながら留める。端で3回巻き（B）、その後は等間隔に表からワイヤーが目立たないように巻く。（C）
4. ニャンドゥティがコームについたら、ワイヤーに座金、ウッドビーズ、丸大ビーズを通して、コームに留めつけていく。（D）ウッドビーズを1コつける度に、ワイヤーを引っ張りながら、実の位置を調整する。またウッドビーズと座金をワイヤーでつなげる時には、ワイヤーを座金の2カ所に通すと安定する。（E）
5. 3つのウッドビーズを留付けたら、コームの端でワイヤーを3回巻き付けて、余分をカットする。（F）はじめに残しておいたもう一方の端の余分なワイヤーも最後にカットする。

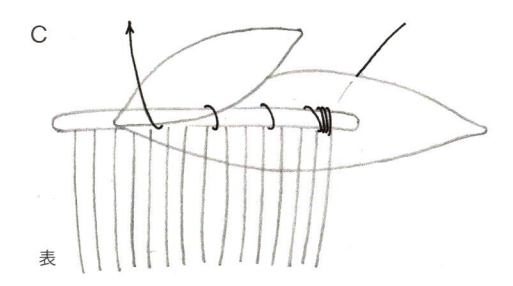

C
表

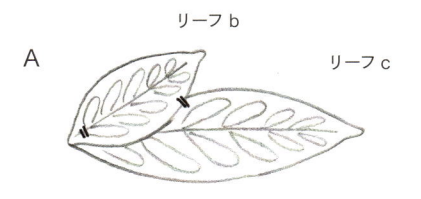

リーフ b
A
リーフ c

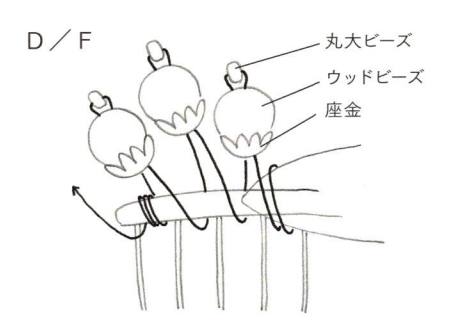

D ／ F
丸大ビーズ
ウッドビーズ
座金

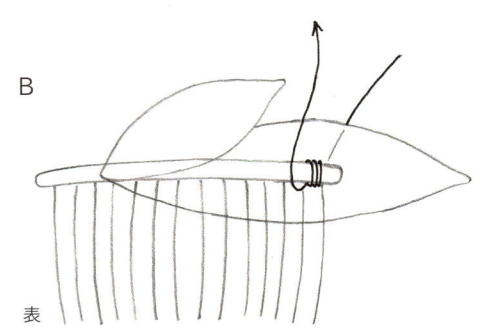

B
表

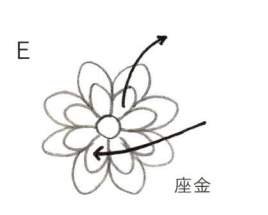

E
座金

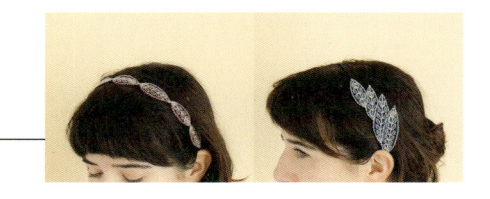

p.71　リーフのカチューシャ

ニャンドゥティ図案 ▶ p.126, 122

ニャンドゥティ

カチューシャ　ピンク
ニャンドゥティリーフ b
図案：p.126（土台の糸）、p.122（模様）
サイズ：2.3cm × 5.5cm
糸：8 番刺繍糸 718（ピンク）
　　　× コスモにしきいと 23（銀）

カチューチャ　ネイビー
ニャンドゥティリーフ a
図案：p.126（土台の糸）、p.122（模様）
サイズ：2.3cm × 5.5cm
糸：8 番刺繍糸 825（青）
　　　× コスモにしきいと 23（銀）
ニャンドゥティリーフ c
図案：p.126（土台の糸）、p.122（模様）
サイズ：2.7cm × 8.2cm
糸：8 番刺繍糸 825（青）
　　　× コスモにしきいと 23（銀）

材料と道具

カチューシャ　ピンク
ニャンドゥティリーフ b　7 コ

カチューシャ　ネイビー
ニャンドゥティリーフ a　2 コ
ニャンドゥティリーフ c　2 コ

共通
サテンリボン　黒　6mm 巾　約38cm（カチューシャ外周分）
カチューシャ　黒　6mm 巾　1 コ
グログランリボン　15mm 巾　約5cm
両面テープ（カチューシャの巾と同じかそれより細いもの）
糸、針、はさみ

作り方

1. ニャンドゥティリーフを作る。
2. サテンリボンをカチューシャ外周の長さ（約38cm）にカットする。
3. カットしたサテンリボンをテーブルなど台の上に両面テープで貼る。（A）
4. 図のようにニャンドゥティを配置する。1 枚配置する毎に両面テープで仮止めしておく。（B）
5. ニャンドゥティリーフとサテンリボンを針と糸で縫い留める。縫い方は p.93 を参照。ニャンドゥティの下にリボンがない部分は、リーフの重なる部分を糸で結んで固定する。
6. カチューシャに両面テープを貼り、ニャンドゥティを縫いつけたサテンリボンを貼りつける。（C）
7. カチューシャの両端は、長さ 2.5cm にカットしたグログランリボンに両面テープを貼り、巻き付ける。（D）

A

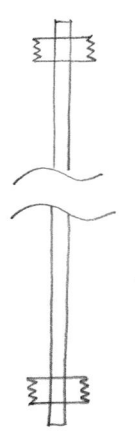

B

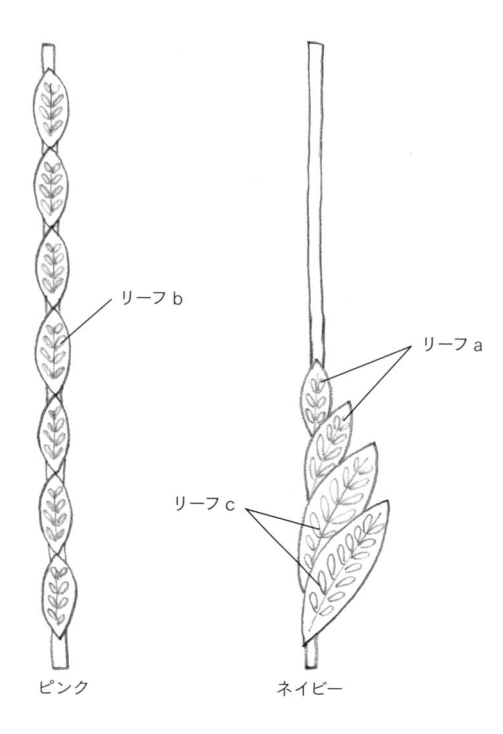

リーフ b

リーフ a

リーフ c

ピンク ネイビー

C

リボン

カチューシャ

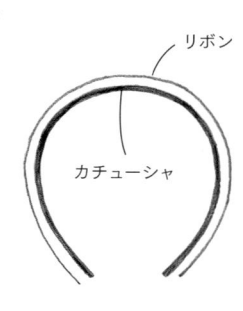

D

— 2.5cm —

両面テープ

カチューシャの端

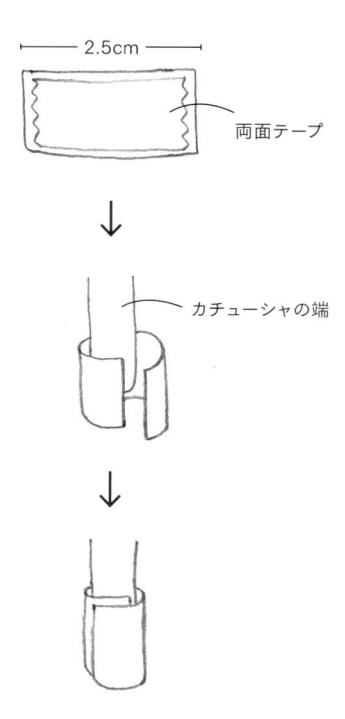

ニャンドゥティ図案 ▶ p.126, 123

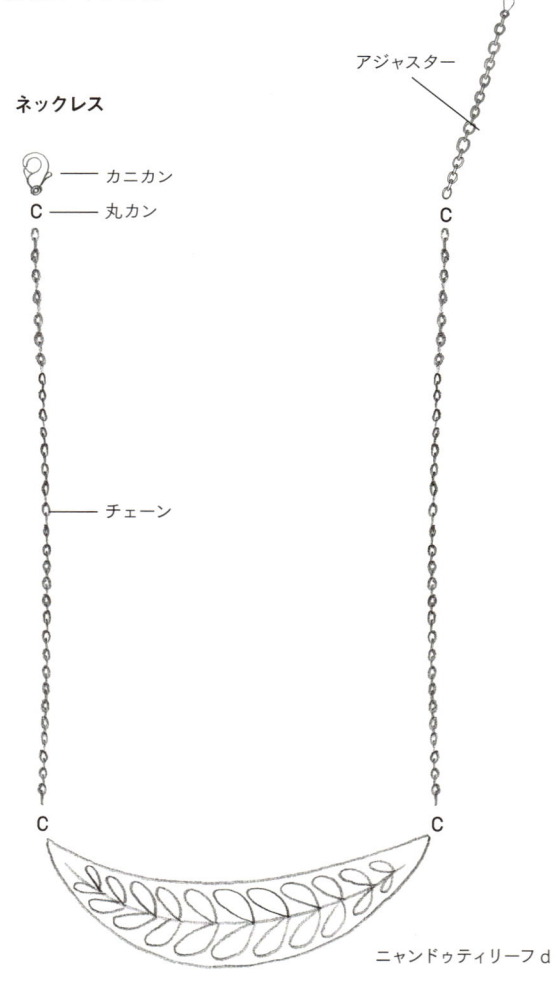

材料

ピアス

ニャンドゥティリーフ a　1コ

アメリカンピアスカン付（G）

平ヤットコ　2本

ネックレス

ニャンドゥティリーフ d　1コ

チェーン　18cm（G）　2本

丸カン　0.8×4mm（G）　4コ

カニカン・アジャスター（G）　1セット

平ヤットコ　2本

ニッパー

作り方

ピアス

1. ニャンドゥティリーフ a を 1コ作る。

2. アメリカンピアスの金具のカン部分とニャンドゥ
   ティをつなげる。カンの使い方は p.94 を参照。

（＊アメリカンピアスは、カン、チェーン、線上金具
   がセットになったピアスパーツのこと。）

ネックレス

1. ニャンドゥティリーフ d を 1コ作る。

2. 図のようにニャンドゥティとチェーン、アジャスター
   を丸カンでつなぐ。

ニャンドゥティ

ニャンドゥティリーフ a

図案：p.126（土台の糸）、p.123（模様）

サイズ：2.3cm × 5.5cm

糸：コスモにしきいと 21（金）× 21

ニャンドゥティリーフ e

図案：p.126（土台の糸）、p.123（模様）

サイズ：3.8cm × 10.6cm

糸：コスモにしきいと 21（金）× 21

ネックレス

カニカン

C ── 丸カン

アジャスター

チェーン

C　　C

ニャンドゥティリーフ d

ピアス

アメリカンピアス

ニャンドゥティリーフ a

p.81 テープのブレスレット

ニャンドゥティ図案 ▶ p.127, p.124

材料

ニャンドゥティテープ 1コ
（模様は、テープa、テープb、テープcから）
リボン留め 2cm（G）2コ
マンテルセット（G）1セット
丸カン 1mm×5mm（G）2コ
平ヤットコ 2本

作り方

1. ニャンドゥティテープを1コ作る。
＊刺繍枠のサイズよりも長いニャンドゥティのテープモチーフを作る時は、枠を動かしながら作って下さい。
2. 両端にリボン留めをつける。
3. リボン留めとマンテルを丸カンでつなげる。

ニャンドゥティ

ニャンドゥティテープa、テープb、テープc

図案：p.127（土台の糸）、p.124（模様）

サイズ	糸：8番刺繍糸（金糸以外）
① 17.4cm×2cm（テープa）	① 742（黄）×552（紫）
② 18.5cm×2cm（テープc）	② 959（緑）×740（オレンジ）
③ 17.5cm×2cm（テープb）	③ 995（青）×コスモにしきいと 21（金）

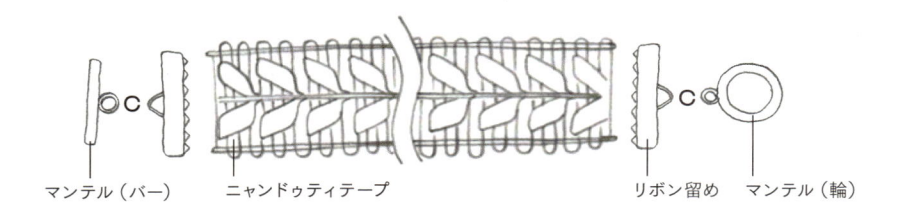

マンテル（バー）　　ニャンドゥティテープ　　　　　　リボン留め　マンテル（輪）

丸カン、Cカン

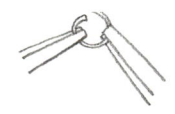

平ヤットコ2本を両手に持ち、両方でカンを挟みます。前後にずらすように開きます。閉じる時も同じ。

リボン留め

金具からはみ出さないように、リボンを金具の中に配置します。

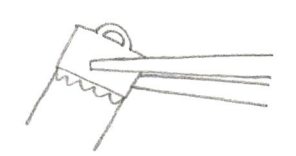

平ヤットコで金具をはさみ、金具の口が閉じるまで押さえます。

p.82　テープのバレッタ

ニャンドゥティ図案 ▶ p.127, p.124

材料

ニャンドゥティテープ d　1 コ
グログランリボン　15mm 巾　約 14cm
（1 赤、2 緑、3 紺）
バレッタ　10mm × 100mm　1 コ
針、糸、はさみ
接着剤

作り方

1. ニャンドゥティテープ d を作る。
2. ニャンドゥティをグログランリボンの中央に縫いとめる。（A）縫い方は p.93 を参照。
3. リボンの両端を 1cm づつ裏側に折って、端を縫いとめる。（B）
4. 接着剤で 3 をバレッタに貼りつける。リボンをバレッタの中央に置き、両端は裏側に折り込む。（C）

ニャンドゥティ

ニャンドゥティテープ d

図案：p.127（土台の糸）、p.124（模様）
サイズ：1.6cm × 11.4cm
糸：8 番刺繍糸
① 606（赤）× 93（青）
② 909（緑）× 90（黄色）
③ 336（紺）× 48（ピンク）

A

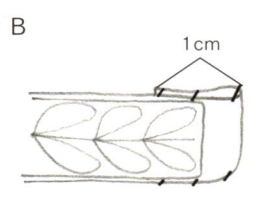

リボン

B

1cm

C

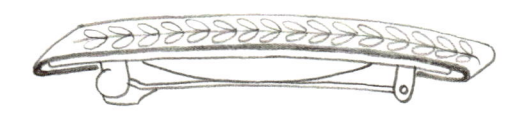

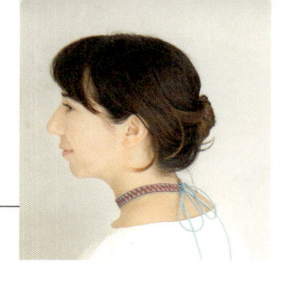

p.84　テープのチョーカー

ニャンドゥティ図案 ▶ p.127, p.124

材料

ニャンドゥティテープe　1コ

紐　27cm　2本

針、糸、はさみ

作り方

1. ニャンドゥティテープe を作る。

※刺繍枠のサイズよりも長いニャンドゥティのテープモチーフを作る時には、枠を動かしながら作って下さい。

2. ニャンドゥティの両端に紐を通して、折り返した紐を糸で数回巻き付けて結ぶ。（A）

ニャンドゥティ

ニャンドゥティテープd

図案：p.127（土台の糸）、p.124（模様）

サイズ：1.6cm × 33cm

糸：8 番刺繍糸　959（うす緑）× 915（赤紫）

A

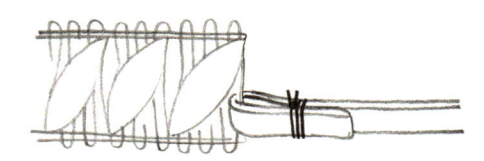

模様の図案

図案の見方

ニャンドゥティを作るには、「土台の糸」と「模様」の2つの図案が必要です。土台の糸の図案はp.125~127と本の裏表紙の手前の見返しに実寸で掲載しています。必要があればコピーを取って使って下さい。

模様を作る基本のテクニックは「織りかがり（p.42）」と「結びかがり（p.43）」の2つだけです。

円形モチーフ、リーフモチーフ、テープモチーフの模様の多くは、ある一つの模様を繰り返すことで構成されています。例えば、ニャンドゥティ円形aは、1つの模様を4回繰り返しています。実際は、図のように4つ模様を作りますが、模様の図案では、繰り返し分を省略して、1つ分の模様しか記載していません。模様と模様の間がわかりにくいものは、2コ以上描いてあります。

例

ニャンドゥティ円形 a   詳しい作り方 ▶ p.39
土台の糸の図案 p.125 計40本 / 10本×4

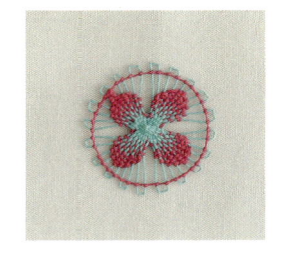
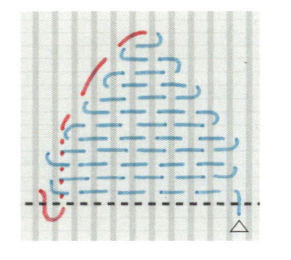

始点は△で記しています。その後の順番は、以下の色の通り。

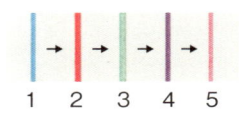

図中のグレーの線は土台の糸を表しています。

図中の点線は、「中心の織り（p.36）」を表しています。

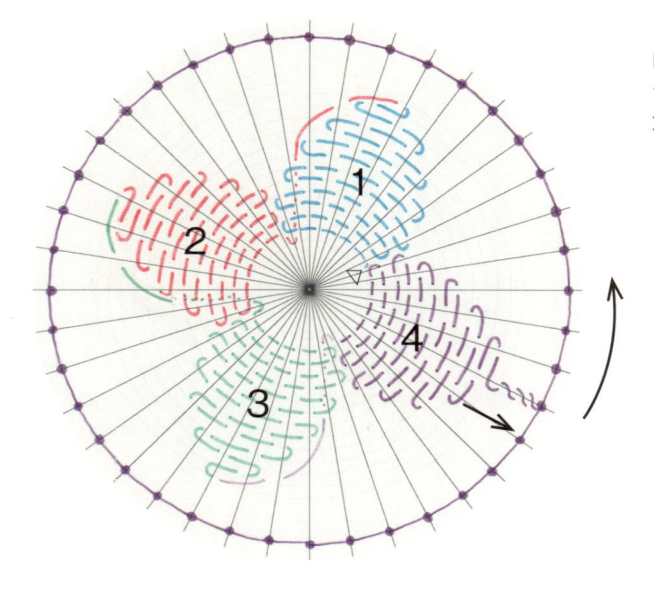

円形モチーフの中央の織りかがりの模様が全て作れたら、そのまま土台の糸に絡ませて上方へ移動し、円の縁の結びかがりの模様を作って下さい。（p.43、p.44を参照）

例

ニャンドゥティテープ b

作り方参考 ▶ p.87〜89

土台の糸の図案　p.127
計 111 本

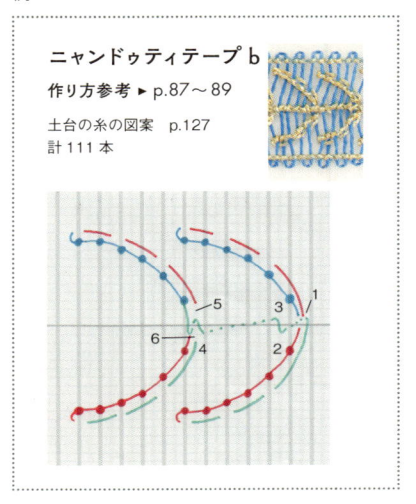

図中の直線は、1本に1コずつの結びかがり
の模様を表しています。

円形モチーフ、リーフモチーフ、テープモチ
ーフのモチーフの縁にある結びかがりの模様
は、図案では省略しています。

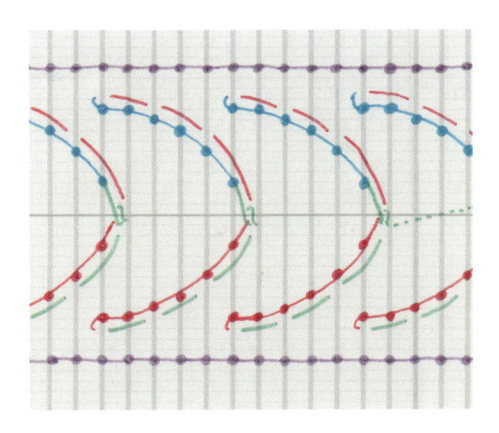

模様の図案は、結びかがりをする本数、織り
かがりをする段数を確認するものです。模様
の図案の形と実際の出来上がりの形は違って
います。糸の引き加減によって形が変わるの
で、慣れないうちは、模様の図案と一緒に写
真で形を確認しながら模様を作って下さい。

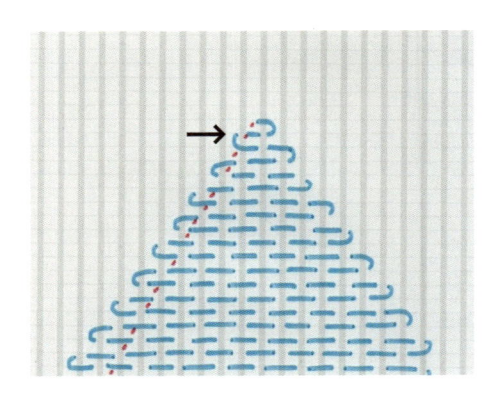

織りかがりの基本は、前段と現在の段が互い
違いになるように織り進みますが、きれいに
仕上げるために一部で、土台の糸2本を一度
に織り進むことがあります。それが必要なと
ころには、図案に矢印を記載していますので、
図の通りに糸を進めて下さい。

ニャンドゥティ円形 a　　詳しい作り方 ▶ p.39

土台の糸の図案　p.125　計 40 本 / 10 本 × 4

 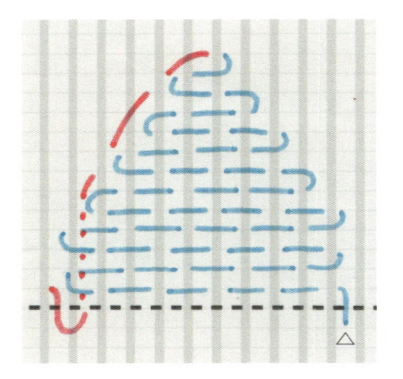

ニャンドゥティ円形 b　　詳しい作り方 ▶ p.40

土台の糸の図案　p.125　計 64 本 / 8 本 × 8

 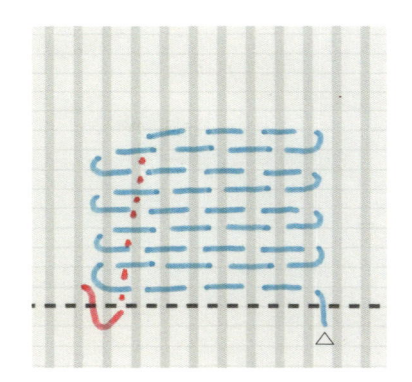

ニャンドゥティ円形 c　　詳しい作り方 ▶ p.41

土台の糸の図案　p.125　計 40 本

 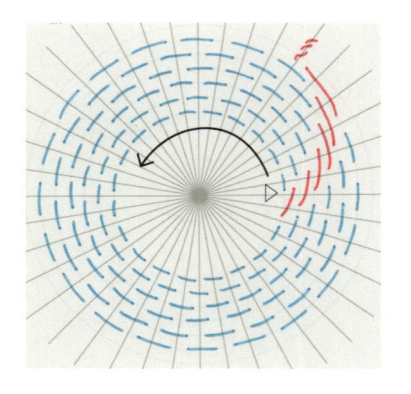

ニャンドゥティ円形 d　作り方参考 ▶ p.41

土台の糸の図案　p.125　計 40 本

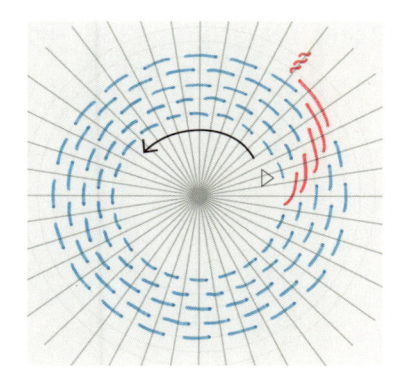

ニャンドゥティ円形 e　作り方参考 ▶ p.39

土台の糸の図案　p.125　計 50 本 / 5 本× 10

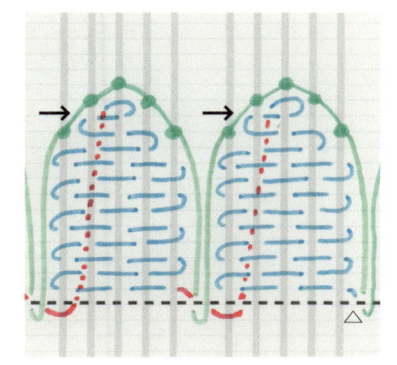

まず 5 本で一つの模様を 10 回繰り返し、織りかがりの模様を全て作ったら、花びらの輪郭のすぐ上あたりに、結びかがりで 1 周模様を作る。

ニャンドゥティ円形 f　作り方参考 ▶ p.39

土台の糸の図案　p.125　計 72 本 / 18 本× 4

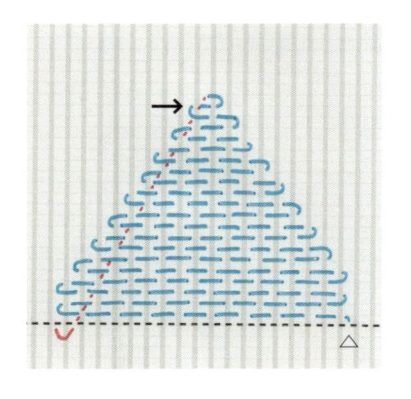

ニャンドゥティ花小

詳しい作り方 ► p.47

土台の糸の図案　p.125
計 50 本 / 10 本 × 5

ニャンドゥティ花中

詳しい作り方 ► p.47

土台の糸の図案　p.125
計 50 本 / 10 本 × 5

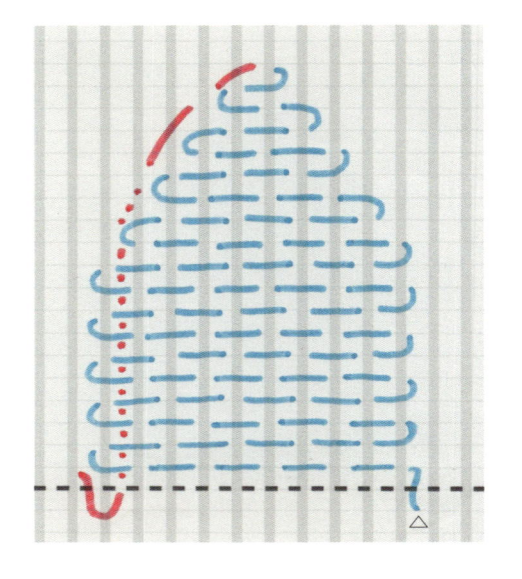

ニャンドゥティ花大

詳しい作り方 ► p.47

土台の糸の図案　p.125
計 60 本 / 12 本 × 5

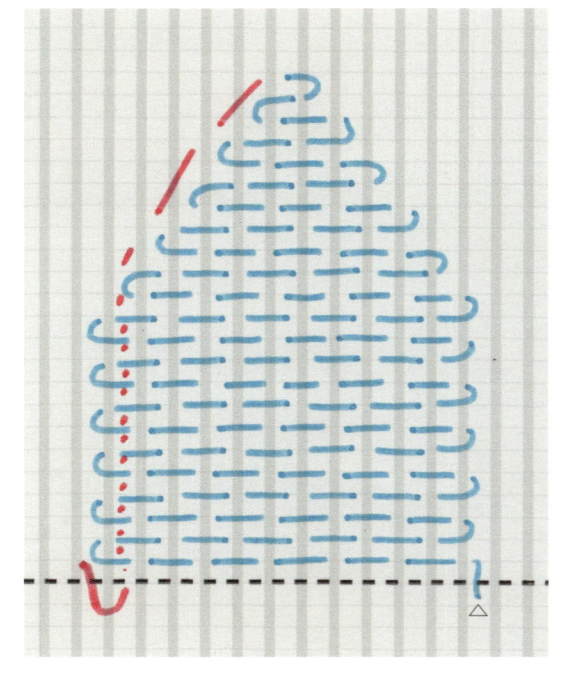

ニャンドゥティ扇形 a

詳しい作り方 ▶ p.65, 66

土台の糸の図案　p.126
計 20 本

ニャンドゥティ扇形 b

詳しい作り方 ▶ p.67

土台の糸の図案　p.126
計 20 本

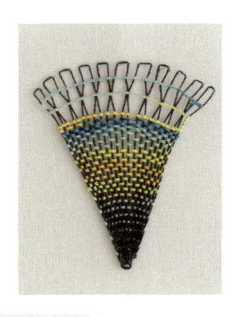

ニャンドゥティ扇形 c

作り方参考 ▶ p.65, 66

土台の糸の図案　p.126
計 20 本

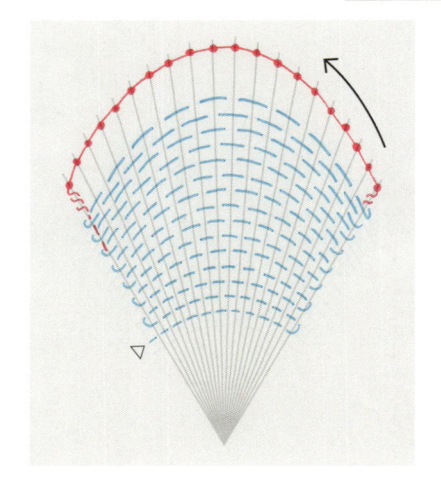

ニャンドゥティ扇形 e

作り方参考 ▶ p.65, 66

土台の糸の図案　p.126
計 22 本

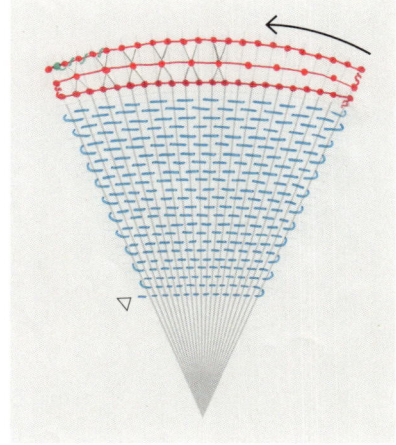

ニャンドゥティ扇形 d

作り方参考 ▶ p.67

土台の糸の図案　p.126
計 20 本

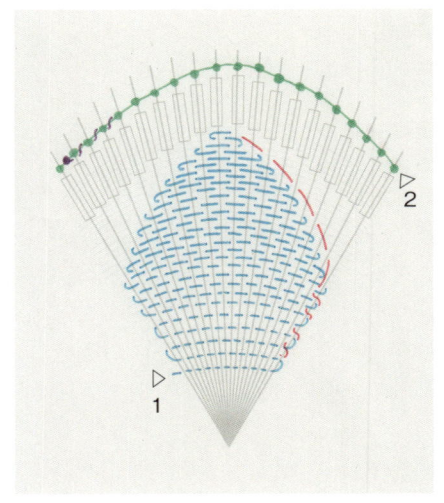

模様の作り方

1. 始点 1 から 29 段織かがりをして、赤線の通りに右下へ進み、織りかがりの端に絡ませて糸を切る。
2. 玉結びを端に作った糸を針に通して、布の裏から針を始点 2 に出して、1 本 1 コずつ結びかがりで模様を作る。最後の結びかがりをしたら、その横に結びかがりをして、近くに糸を少し絡ませて切る。

ニャンドゥティリーフ a
ニャンドゥティリーフ c

詳しい作り方 ▶ p.75 〜 79

土台の糸の図案　p.126
a　計 28 本　／　c　計 49 本

ニャンドゥティリーフ b

作り方参考 ▶ p.75 〜 79

土台の糸の図案　p.126
b　計 28 本

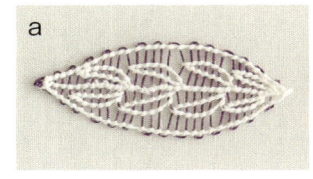

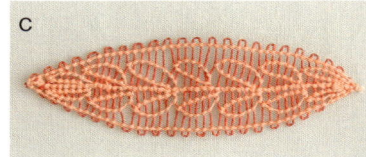

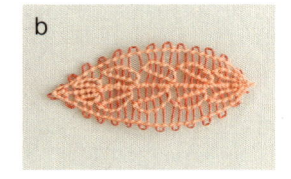

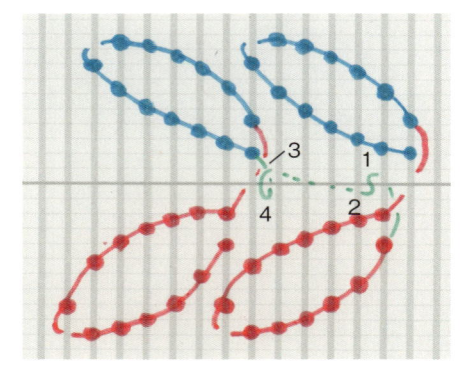

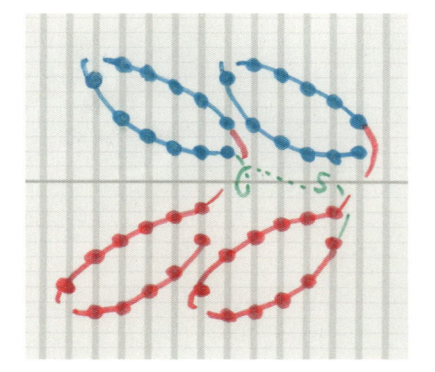

リーフ a とリーフ b は「土台の糸の図案」は同じ。
リーフ a は、モチーフに 1 模様が 4 つ入っていて、リーフ b には 5 つ入っている。

ニャンドゥティリーフd

作り方参考 ▶ p.75～79

土台の糸の図案　p.126　計82本

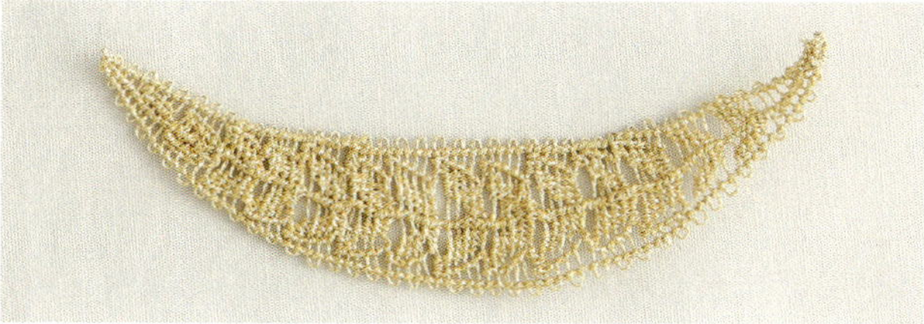

模様の作り方

右端から9本目の土台の糸から、Aの模様を2つ作り、右端から19本目の土台の糸から、Bの模様を9回繰り返す。Bの模様を全て作ったら、Aの模様を2つ作る。

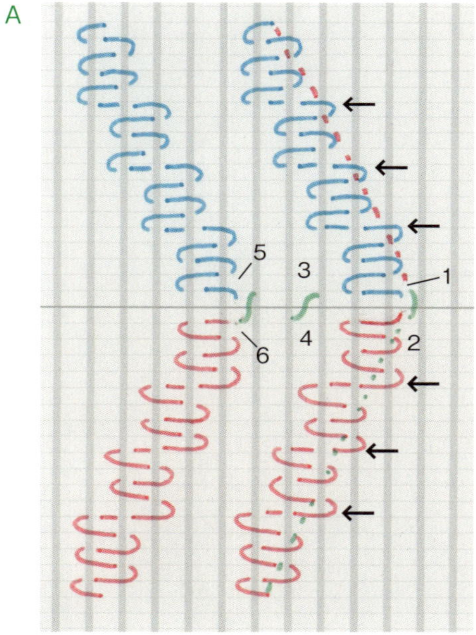

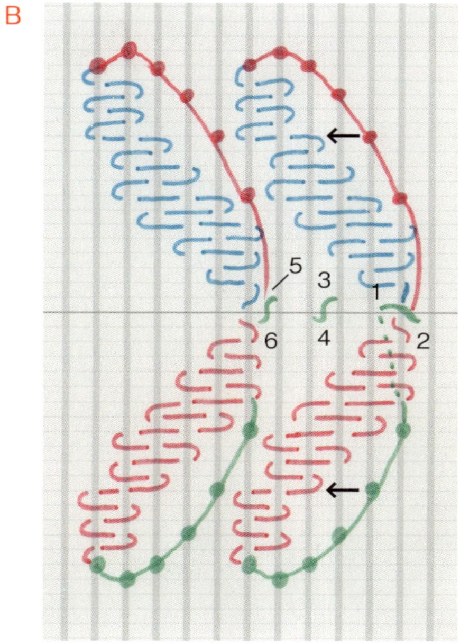

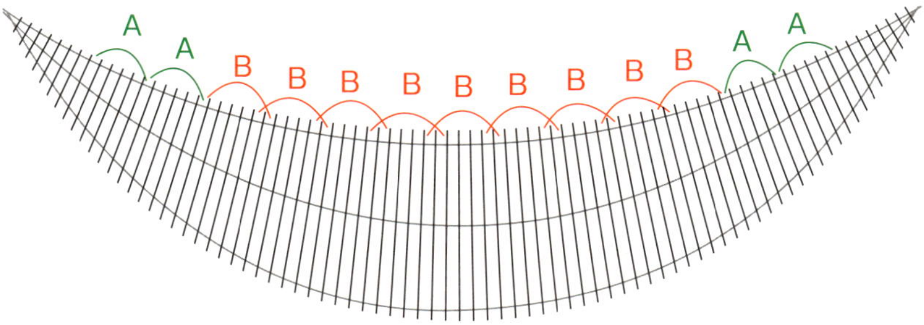

ニャンドゥティテープ a
ニャンドゥティテープ d

詳しい作り方 ▶ p.87〜89

土台の糸の図案　p.127
テープa 計88本／テープd 計68本

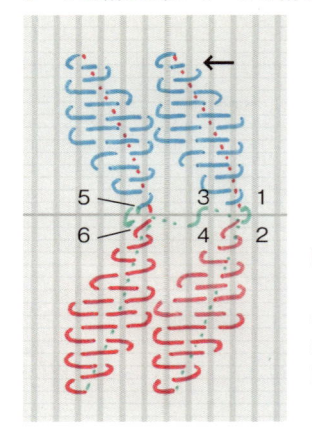

p.80 のテープ a は、織りかがりを端から2本目の糸から始めていますが、88 本の土台の糸で作る時は、一番端から織りかがりをして下さい。

ニャンドゥティテープ b

作り方参考 ▶ p.87〜89

土台の糸の図案　p.127
計 111 本

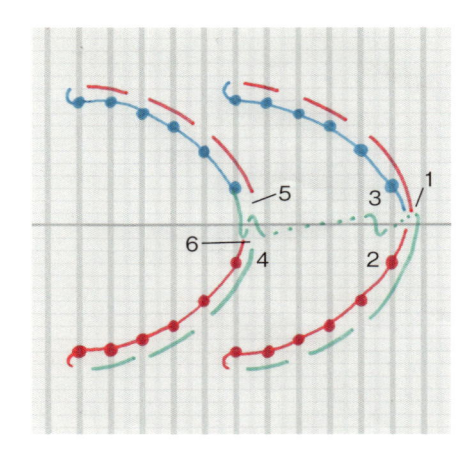

ニャンドゥティテープ c

土台の糸の図案　p.127　計 100 本

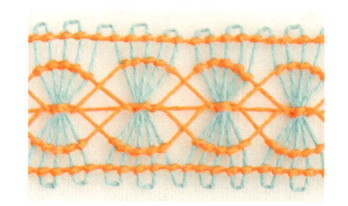

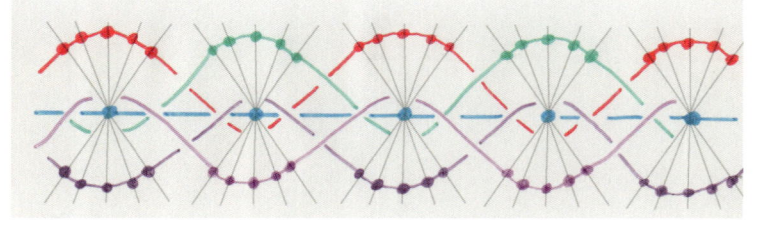

5 本まとめて結びかがりをしてから、順番に曲線の模様を作る。

ニャンドゥティテープ e

土台の糸の図案　p.127

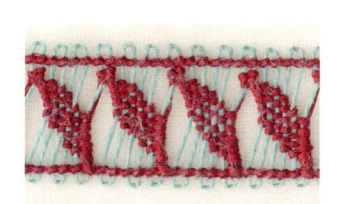

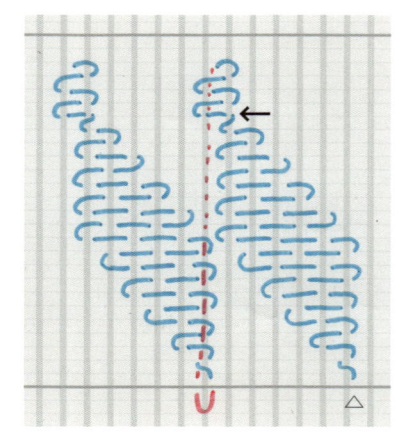

模様の作り方

1. 土台の糸を張り終わったら、下側に1本に1コずつ結びかがりで直線の模様を作る。
2. 右端から織りかがりで模様を作る。1つ模様を作ったら、2コめの模様を作る時に赤線の糸も一緒に織りかがりする。
3. 模様を 39 コ作ったら、テープの上側に1本に1コずつ結びかがりで直線の模様を作る。

土台の糸の図案 実寸サイズで掲載

円形モチーフ ／ 土台の糸の張り方 **p.34**

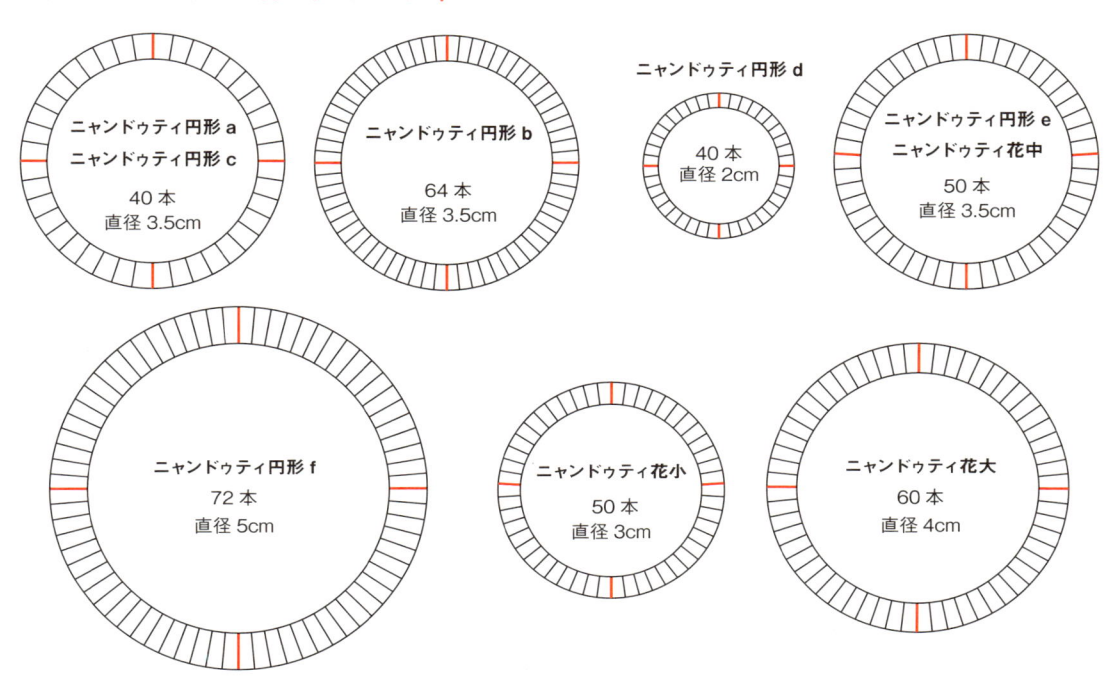

ニャンドゥティ円形a
ニャンドゥティ円形c
40本
直径3.5cm

ニャンドゥティ円形b
64本
直径3.5cm

ニャンドゥティ円形d
40本
直径2cm

ニャンドゥティ円形e
ニャンドゥティ花中
50本
直径3.5cm

ニャンドゥティ円形f
72本
直径5cm

ニャンドゥティ花小
50本
直径3cm

ニャンドゥティ花大
60本
直径4cm

土台の糸を張る時の縫い順

土台の糸が50本の時だけ、3-4の位置が基本の場所よりも右にずれます。50本の時は、下図の通りに針を出し入れして下さい。土台の糸が50本以外の時（図は40本の時）には、p.36〜37と同様の手順で針を進めて下さい。3は常に円の中心の真下になります。

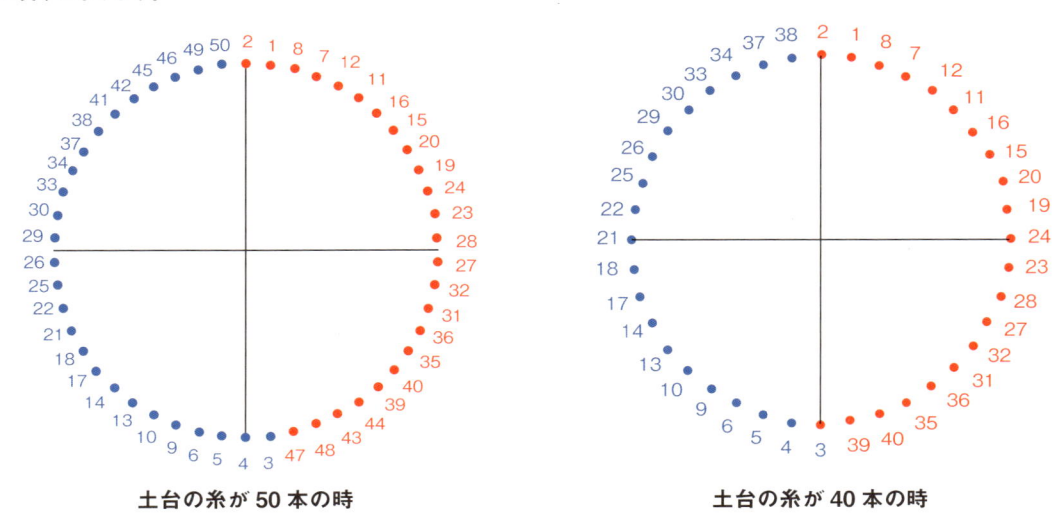

土台の糸が50本の時　　　　　　　　土台の糸が40本の時

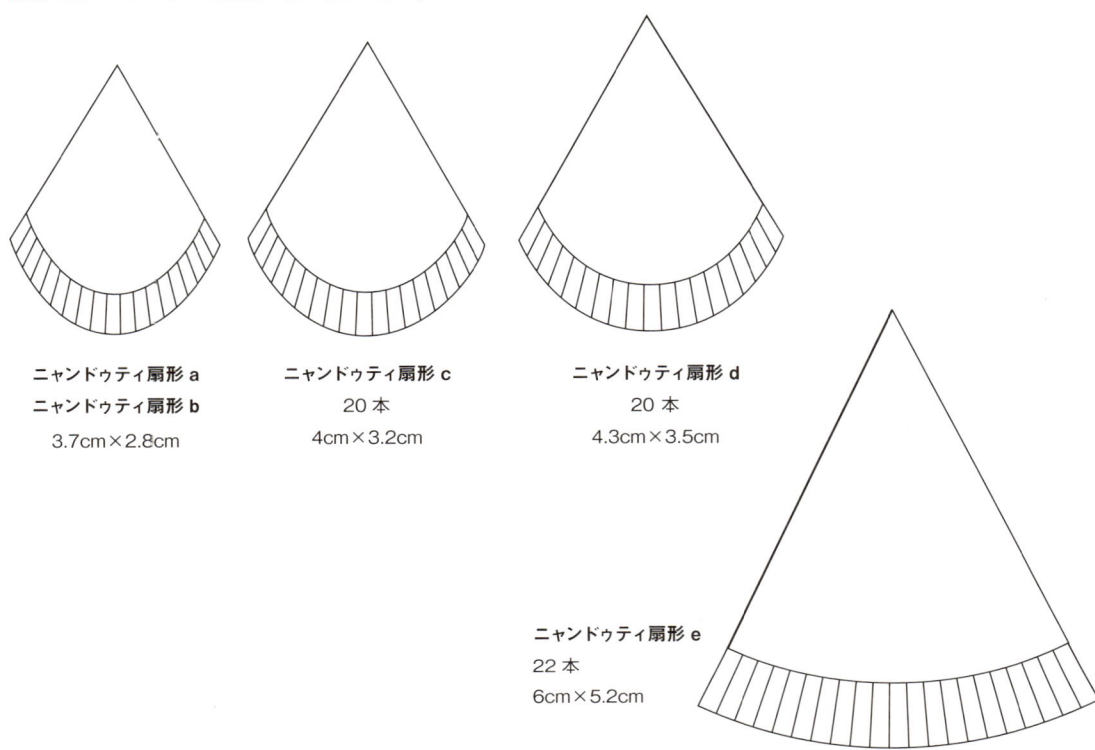

扇形モチーフ ／ 土台の糸の張り方 p.65

ニャンドゥティ扇形 a
ニャンドゥティ扇形 b
3.7cm×2.8cm

ニャンドゥティ扇形 c
20 本
4cm×3.2cm

ニャンドゥティ扇形 d
20 本
4.3cm×3.5cm

ニャンドゥティ扇形 e
22 本
6cm×5.2cm

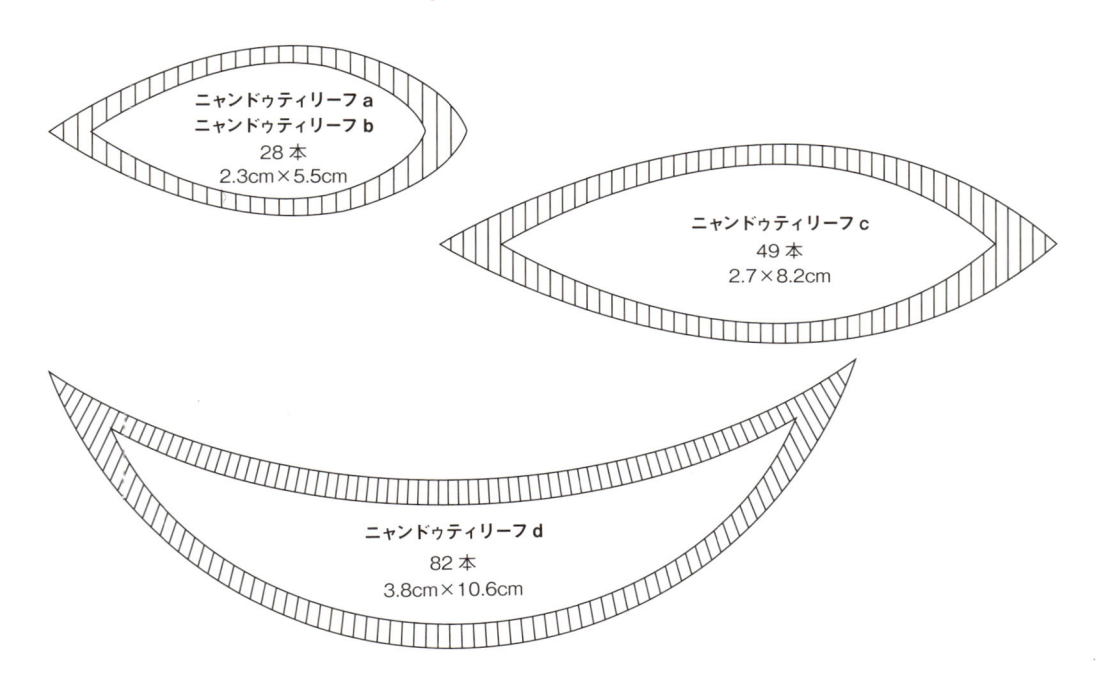

リーフモチーフ ／ 土台の糸の張り方 p.75

ニャンドゥティリーフ a
ニャンドゥティリーフ b
28 本
2.3cm×5.5cm

ニャンドゥティリーフ c
49 本
2.7×8.2cm

ニャンドゥティリーフ d
82 本
3.8cm×10.6cm

図は1.6cm×11cm。
テープeは1.6cm×33cm
なので、長さを3倍にして
写して下さい。

ニャンドゥティテープ a
88 本
17.4cm×2cm

ニャンドゥティテープ b
111 本
17.5cm×2cm

ニャンドゥティテープ c
100 本
18.5cm×2cm

ニャンドゥティテープ d
68 本
11.4cm×1.6cm

ニャンドゥティテープ e
79 本

著者 岩谷 みえ エレナ

パラグアイのラ・コルメナ生まれの日系二世。日本人の夫の転勤に伴いアルゼンチンとパラグアイに暮らす。パラグアイでニャンドゥティを習得。Academia Mie Elenaの名前でニャンドゥティ教室を主宰すると共に、大使館のイベントやパラグアイフェスティバルに協力するなど、パラグアイ文化の魅力を広めることに努めている。パラグアイではニャンドゥティ職人が高齢化し後継者が少なくなりつつあるが、日本でニャンドゥティのファンが増え、流通が大きくなることが、現地での文化の継承や発展にも役立つという思いから活動している。2015年より、パラグアイ国立伝統工芸院（IPA）公認ニャンドゥティ指導員。2018年より、イタグア市のニャンドゥティ文化振興プロモーター。
http://panambi-jp.com

スタッフ

企画、編集 ● 矢崎順子
執筆 ● 岩谷 みえ エレナ、矢崎順子
デザイン ● 橘川幹子
撮影 ● 鏑木希実子
　　　（カバー、本文p.1-4、p,10-48、p.50-56、p.58-89）
モデル ● Kate Sikora
作品デザイン ● 岩谷 みえ エレナ、橘川幹子、
　　　　　蘇原玲子、矢崎順子
ニャンドゥティ制作 ● 岩谷 みえ エレナ、小野清美
アクセサリー制作 ● 蘇原玲子
作り方イラスト ● 蘇原玲子

協力

望月佳世
Estrella Godcy Gubo
Guadalupe Quiñones

パラグアイの伝統レース

ニャンドゥティのアクセサリー

NDC594

2018年5月20日　発　行
2023年4月10日　第 3 刷

著　者　岩谷 みえ エレナ
発行者　小川 雄一
発行所　株式会社 誠文堂新光社
　　　　〒113-0033　東京都文京区本郷3-3-11
　　　　電話03-5800-5780
　　　　https://www.seibundo-shinkosha.net/

印刷・製本　大日本印刷 株式会社

©2018, Elena Mie Iwatani.　　　　　　　　　　Printed in Japan

ISBN978-4-416-51728-4

土台の糸の図案 実寸サイズで掲載

円形モチーフ 土台の糸の張り方 p.34

50本の糸の張り順 p.125

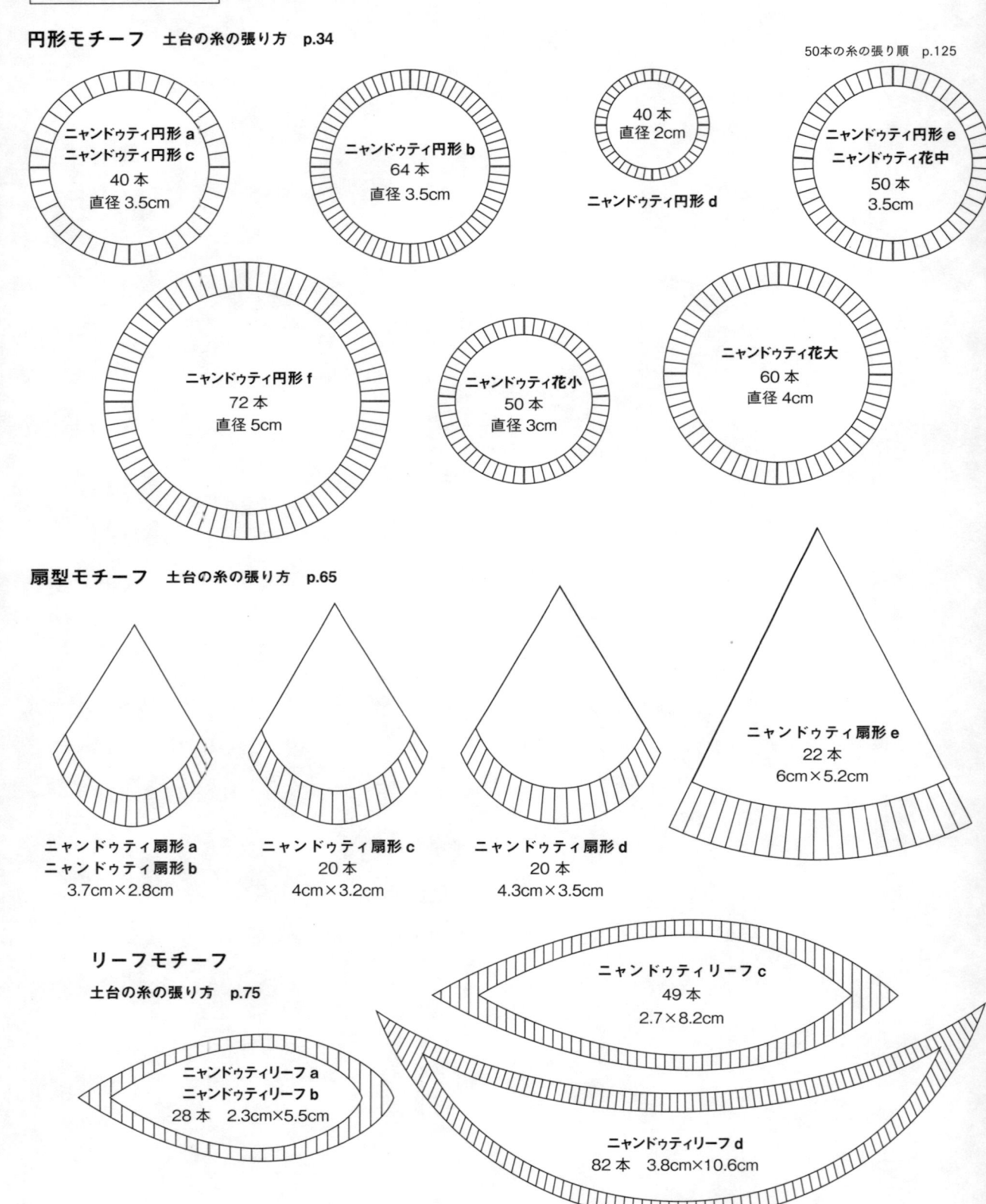

ニャンドゥティ円形 a
ニャンドゥティ円形 c
40本
直径 3.5cm

ニャンドゥティ円形 b
64本
直径 3.5cm

40本
直径 2cm
ニャンドゥティ円形 d

ニャンドゥティ円形 e
ニャンドゥティ花中
50本
3.5cm

ニャンドゥティ円形 f
72本
直径 5cm

ニャンドゥティ花小
50本
直径 3cm

ニャンドゥティ花大
60本
直径 4cm

扇型モチーフ 土台の糸の張り方 p.65

ニャンドゥティ扇形 a
ニャンドゥティ扇形 b
3.7cm×2.8cm

ニャンドゥティ扇形 c
20本
4cm×3.2cm

ニャンドゥティ扇形 d
20本
4.3cm×3.5cm

ニャンドゥティ扇形 e
22本
6cm×5.2cm

リーフモチーフ
土台の糸の張り方 p.75

ニャンドゥティリーフ c
49本
2.7×8.2cm

ニャンドゥティリーフ a
ニャンドゥティリーフ b
28本 2.3cm×5.5cm

ニャンドゥティリーフ d
82本 3.8cm×10.6cm

テープモチーフ　／
土台の糸の張り方　p.87

図は1.6cm×11cm。
テープeは1.6cm×33cm
なので、長さを3倍にして
写して下さい。

ニャンドゥティテープ a
88 本
17.4cm×2cm

ニャンドゥティテープ b
111 本
17.5cm×2cm

ニャンドゥティテープ c
100 本
18.5cm×2cm

ニャンドゥティテープ d
68 本
11.4cm×1.6cm

ニャンドゥティテープ e
79 本